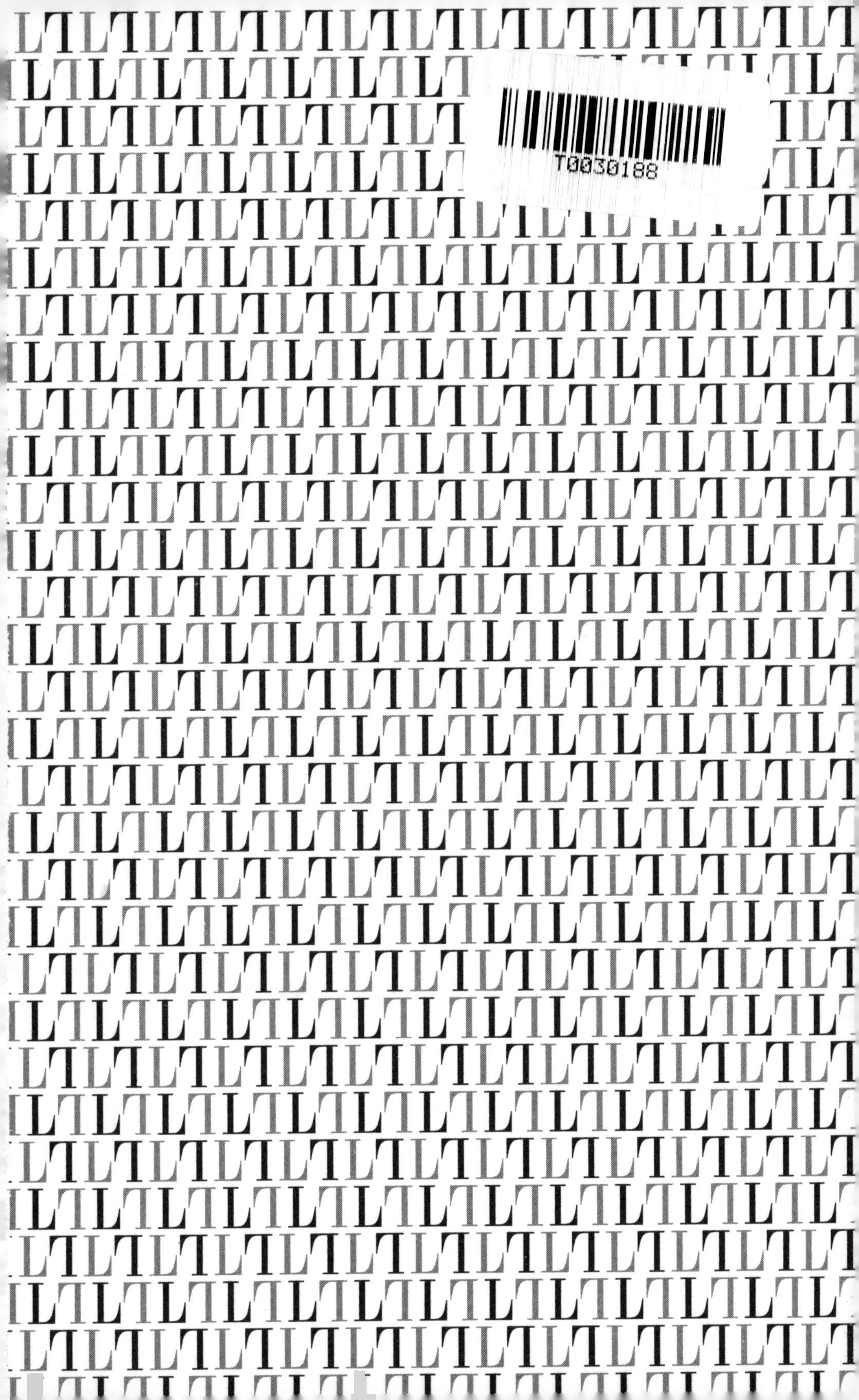

La librería en la colina

La librería en la colina

Alba Donati

Traducción del italiano de
Ana Ciurans Ferrándiz

Lumen

narrativa

Papel certificado por el Forest Stewardship Council®

Título original: *La libreria sulla collina*

Primera edición: enero de 2023

Printed in Spain – Impreso en España

ISBN: 978-84-264-2264-4
Depósito legal: B-20.346-2022

Compuesto en M. I. Maquetación, S. L.
Impreso en Liberduplex, S. L.,
Sant Vicenç d'Hortons (Barcelona)

H 4 2 2 6 4 A

A mi estrambótica familia,
hecha de fechas y nombres que no encajan

—Romano, quisiera abrir una librería en mi pueblo.

—Bien. ¿Cuántos habitantes tiene?

—Ciento ochenta.

—Veamos, ciento ochenta mil dividido por...

—No, no ciento ochenta mil, ciento ochenta.

—Estás loca.

Conversación telefónica con Romano Montroni,
exdirector de las librerías Feltrinelli

Había una vez una reina que tenía una casa de muñecas. Una casa de muñecas tan maravillosa que la gente acudía de todas partes para verla.

VITA SACKVILLE-WEST,
A Note of Explanation.
A Little Tale of Secrets and Enchantment
from Queen Mary's Dolls' House

Enero

20 de enero

Cada niña es infeliz a su manera, y yo lo era muchísimo. Quizá se debiera al matrimonio de mi hermano, cuando yo contaba seis años, que fue un mazazo para mí, o al carácter de mi madre, una mujer más bien arcaica; quizá, en parte, fuera por el *bullying* campestre que me infligían mis amiguitas, ese hoy juego contigo y mañana con otra.

Desde que abrí la librería, no hay conversación que no incluya la pregunta: «¿Cómo se le ocurrió abrir una librería en un pueblo perdido de ciento ochenta almas?».

Hoy he hecho muchos paquetes. Hay una señora de Salerno que celebra San Valentín así: a una de sus hijas le regala un libro de poemas de Emily Dickinson, el calendario de Emily Dickinson, y Emily, un perfume elaborado con esencia absoluta de *Osmanthus*; a la otra, un libro de Emily, el calendario de Emily y una pulsera de pétalos de rosa y gipsófila. Por si fuera poco, la señora quiere para ella el *Herbario* de la adorada Emily y el calendario.

¿Que cómo se me ocurrió? Las cosas no se nos ocurren, las cosas se incuban, fermentan, ocupan nuestras fantasías mientras dormimos. Las cosas avanzan por su cuenta, recorren un camino paralelo en algún lugar de nuestro interior del que no tenemos ni el más remoto conocimiento y, en un momento determinado, llaman a la puerta: aquí estamos, somos tus ideas y queremos que nos escuches.

La idea de la librería esperaba agazapada en los recovecos de aquel lugar tétrico y alegre llamado «infancia».

La alimentaba el caso Lavorini, el primer niño asesinado del que guardo memoria, hallado en los alrededores de Viareggio; oía esa historia todas las tardes de boca de mi abuelo, que tenía un radiocasete. No es que mi abuelo Tullio estuviera tan adelantado a su tiempo, sino que lo estaban mis tías, modernas y libertinas (en opinión de los del pueblo). Me avergonzaba un poco de ellas, pero las adoraba.

En el otro plato de la balanza estaba la tía Polda, hermana de mi madre y campesina de profesión, una mujer de buena pasta que, entre otras cosas, no se había casado y se enorgullecía de ello. Me pasaba las horas muertas abrochándole y desabrochándole la rebeca, una excusa para acurrucarme en su regazo a escuchar sus historias. Y la tía Feny, cuyo verdadero nombre era Fenysia, menuda, fuerte, tímida y sabia, que trabajaba de ama de llaves. Fue ella quien me dio los libros que le regalaban sus señores y me inició en la lectura.

En su honor, llamé Fenysia a la Scuola dei Linguaggi della Cultura que fundé hace unos años con Pierpaolo, mi pareja. Cuidar de la cultura me parecía tan necesario como hacer una buena minestrone de esas que ella sabía preparar.

Las historias que contaba mi madre, en cambio, podían tumbar a un dinosaurio del Pleistoceno. Su preferida era la de una niña que se dormía debajo de un árbol mientras su madre labraba la tierra. Entonces aparecía una culebra enorme que se deslizaba por el cuello de la pequeña. Llegados a ese punto, un sano apagón de memoria pone en pausa lo salvable, lo que salvaría, mucho tiempo después, la doctora Lucia a lo largo de doce años de terapia.

El pueblo era pequeño y yo le tenía cariño: dibujaba la montaña que había frente a mi casa en primavera, verano, otoño e invierno, como si fuera el Kilimanjaro. Lo desconocido, como diría un filósofo, es el lugar donde nunca has estado, y yo todavía no he visitado esa montaña. Me encantaba la escarcha sobre los campos, se me antojaba cristal, como el del castillo de la Bella Durmiente. También me encantaban las hormigas, lo mucho que se esforzaban por sobrevivir. Sí, porque llega un momento en que, si una vive en una casa sin calefacción y sin baño, y los ojos, las manos e incluso las orejas están trastornados, lo normal es pensar que estás muriéndote.

En este cuadro introductorio falta papá. En efecto, lo echaba mucho de menos, y cuando se sentaba al lado de mi camita, que a veces me parecía mi lecho de muerte, los ojos, las manos y las orejas recuperaban la normalidad y podía mirar de nuevo el mundo.

Empiezo este diario por casualidad el 20 de enero, la fecha en que comienza *Lenz*, de Büchner, obra a la que Paul Celan, el poeta que ganó el Premio Büchner el 22 de octubre de 1960 (nueve años, cinco meses y veintinueve días antes de que se tirara al Sena desde el puente Mirabeau), pronuncia su discurso con motivo de la concesión del galardón.

Las fechas son importantes y cada uno tiene su 20 de enero, día en que Lenz lo abandona todo y se va. El 20 de enero de 1943 también se fue el primer marido de mi madre. Como los otros alpinos que seguían con vida, había recibido la orden de abandonar el Don y retirarse. Era el epílogo de la guerra de Rusia, que solo en aquellos días se cobró la vida de cincuenta y un mil soldados, entre muertos y desaparecidos. Estaban a cuarenta grados bajo cero y muchos ni siquiera iban calzados.

Iole, mi madre, tenía veinticuatro años; Marino, su marido, veintiocho, y Giuliano, mi hermano, seis meses. La familia que no tuvo tiempo de serlo se rompió cerca de Vorónezh, lugar al que el poeta Ósip Mandelstam se había trasladado antes de que lo deportaran al campo de concentración de Siberia, donde murió.

Déjame marchar, déjame volver, Vorónezh:
suéltame o déjame escapar, caer o regresar.
Vorónezh, capricho; Vorónezh, cuervo,
cuchillo...

Mi madre esperó y esperó, pero no tuvo noticias de Marino; era como si se lo hubiera tragado la estepa. Las noticias oficiales de los archivos de guerra se interrumpen el 23 de enero de 1943; luego, silencio. En cambio, a las esposas de todos los desaparecidos les llegó una pensión de guerra.

Mandelstam me había llevado de la mano a la estepa antes de que yo supiera que era la misma sobre la cual había llorado mi madre.

Finalmente, también yo lo dejo todo: la ciudad más bonita del mundo, un trabajo envidiable y una hermosa casa cerca de la Biblioteca Nazionale, y vuelvo al pueblo, a comprobar si la culebra todavía anda por allí y si, por casualidad, aquella niña que se quedó dormida debajo del árbol es Alicia en el país de las maravillas.

Pedidos de hoy: *El adversario*, de Emmanuel Carrère; *La vida de las mujeres*, de Alice Munro; *Historia de un chico*, de Edmund

White; *Un debut en la vida*, de Anita Brookner; *Entre actos*, de Virginia Woolf, y *Hotel Silencio*, de Auður Ava Ólafsdóttir.

21 de enero

La idea de la librería, una idea ya madura y elaborada, llamó a mi puerta una noche. Era el 30 de marzo de 2019. Al pie de nuestra casa había una loma donde mi madre plantaba lechugas y yo tendía la colada en un alambre atado a dos palos vetustos. El dinero escaseaba: debía inventarme algo.

De niña tenía un desván enorme. La casa era el espejo de mi familia: mitad habitable y mitad en ruinas. Al entrar estaba la cocina; a la derecha quedaba una habitación grande que mi madre había dividido en dos ambientes mediante una cortina verde con grandes lazos rosas (separando lo que era, según los días, mi habitación o mi lecho de muerte); y, a izquierda, una salita de perfecto estilo años setenta, cuyo mobiliario —mesa, sillas y aparador de aglomerado— brillaba tanto que parecía más de imitación de lo que era en realidad. También había dos puertas. Una conducía al sótano, lugar que hizo que se prolongase mi terapia con la doctora Lucia al menos un par de años; probablemente los sótanos sean el escenario donde se han escrito todos los cuentos de terror desde la noche de los tiempos. La otra llevaba al desván.

El desván tenía algo que lo hacía único. El primer tramo de escalera era de ladrillo hueco colocado como si fuera de cara vista, una reforma que inició papá apenas nos mudamos a aquella casa, pero al doblar el descansillo esa escalera nueva se interrumpía y arrancaba otra de madera con algún siglo de antigüedad. El amor paterno también se había interrumpido. Siempre que la subía rezaba para que los tablones aguantaran mi peso y no acabara hundiéndome en los abismos, donde sin duda me esperaba la consabida culebra.

Aquella escalera de dos tramos, vestigio de una obra empezada y luego abandonada, es el lugar donde nacen los sueños. Una vez que doblaba la esquina, superaba aquellos malditos cinco escalones ruinosos y alcanzaba el desván, estaba a salvo. Lo había conseguido. Me encontraba en mi reino. Allí montaba un aula imaginaria con niños provistos de cuadernos y les daba clase. Jugaba a ser la maestra y corregía mis propios deberes de uno o dos cursos anteriores. O bien me ponía a leer una especie de biblia personal: la enciclopedia *Conoscere*, de Fabbri Editore, compuesta por doce tomos y cuatro apéndices. Creo que incluso la idea que tenía de la moda se inspiraba en ella. Había tres páginas dedicadas al calzado romano que me volvían loca, literalmente. Tanto es así que me compré dos pares de sandalias con tiras que se cruzaban hasta la rodilla, unas doradas y otras blancas como la nieve. Tenía unos doce años, la edad de Lolita. Por lo demás, la enciclopedia trataba temas muy serios:

La carbonería italiana
San Francisco de Asís
De la madera al papel
Roma conquista Taranto
Giuseppe Mazzini
La reforma y la contrarreforma
Las amígdalas
El genio de Leonardo
Dante
Las cinco jornadas de Milán
Plantas textiles
Japón.

El mero hecho de enterarme de que a las mujeres carbonarias se las llamaba «primas jardineras» me proporcionaba una alegría insospechada, era como poseer una máquina del tiempo: elegía una página, pulsaba el botón y ya no estaba allí, me trasladaba a otro sitio, mi lugar preferido. «No le preguntamos la lección, nos da miedo», parece ser que le decían los maestros a mi madre. Entretanto, ella había sustituido el cuento de la niña dormida y de la culebra por anatemas de todo tipo, y mi padre se había marchado.

Estoy preparando los paquetes para la señora de Salerno y sus dos hijas. He aquí cómo me vino a la cabeza la idea de abrir una librería en un pueblecito situado en lo alto de una colina del norte de la Toscana, entre Prato Fiorito y los Alpes Apuanos. Se me ocurrió para que una madre de Salerno pudiera regalar a sus dos hijas sendas cajas llenas de Emily Dickinson.

Pedidos de hoy: *Ordesa*, de Manuel Vilas; *El secreto de Jane Austen*, de Gabriela Margall; *Aún no se lo he dicho a mi jardín*, de Pia Pera; *El último refugio*, de Tracy Chevalier; *Lejos de Ghana*, de Taiye Selasi; *El día que Selma soñó con un okapi*, de Mariana Leky; *La bellezza sia con te*, de Antonia Arslan; *Cuore cavo*, de Viola Di Grado, y *Hopper*, de Mark Strand.

22 de enero

Una de las ventajas adquiridas con el cambio de vida es escuchar el repiqueteo de la lluvia sobre el tejado. En la ciudad, si estás en la cama, has de levantarte a descorrer las cortinas para saber qué tiempo hace. Aquí, por el contrario, lo sabes con el cuerpo. En el pueblo, «el dulce sonido de la lluvia», como lo llama Diana Athill en uno de sus cuentos, es como una voz, ahora dulce, ahora poderosa, que me busca.

Hoy ha sonado el fijo y otra voz, esta totalmente inexpresiva, nos ha advertido de que estamos en alerta meteorológica por riesgo de inundaciones, desbordamientos y desprendimientos. Para la librería es un problema, porque si hace mal tiempo la gente no se aventura por una carretera de montaña.

Lucignana está a quinientos metros sobre el nivel del mar: el lugar ideal para no pasar ni demasiado frío ni demasiado calor. Es todo de piedra y fue construido antes del año 1000. Contaba con una guarnición de defensa con murallas y un castillo que debía de ser un poco más grande que una casa. Hoy en día ese castillo da nombre a una de las zonas del pueblo.

En Lucignana se va a Castello, a la Penna, a Scimone, a Varicocchi, la Piazza, al Piazzolo o a Sarrocchino, incluidas las variantes trabucadas. Scimone era San Simone y Sarrocchino, San Rocchino.

Ahora en Castello vive Mike, un inglés simpático a rabiar, exmilitar retirado que estuvo en la guerra de Afganistán. Me divierte que se haya hecho una piscina exterior y en verano se pasee por el jardín como Dios lo trajo al mundo, suscitando la perplejidad de los lugareños. Cuando voy a visitarlo, antes de preparar, ante uno de los paisajes más bonitos del mundo, un spritz a su manera —esto es, Aperol y mucha mucha tónica Schweppes—, se anuda al tuntún una toalla en la cintura, pronuncia un montón de «sorry» y corre a ponerse unos pantalones cortos.

La suya es sin duda la casa con las vistas más hermosas que puedan imaginarse. Enfrente tiene los Alpes Apuanos, con crepúsculos de un rojo fuego en los que da la impresión de que el sol, al ponerse por detrás del macizo de Le Panie, se sumerja lentamente en las aguas de Versilia.

En ese lugar yo habría querido, mucho tiempo atrás, fundar una casa para escritores y traductores. Mi amiga Isabella, que también trabaja en el sector editorial, y yo fantaseamos con ello durante meses, pero la idea quedó en nada. La casa, que había pertenecido a Leo y Evelina Menchelli y a sus hijos Antonio y Roberta, acabó en manos de los ingleses. Que quede claro que adoro a los ingleses, porque compran y restauran con respeto y, por tanto, mejoran lo que nosotros empeoramos en el pasado.

En la planta de arriba, Mike tiene un montón de buenos libros en inglés y me ha regalado algunos de Dorothy Parker y Sylvia Plath.

Compró la casa de Castello a otros ingleses; la verdad es que la adquirió para su mujer, que murió poco después. Fue ella quien le dijo: «We didn't buy a house but a view». Los libros eran suyos.

Un día, Mike apareció en la librería, se sentó en el jardín, al fondo, en una de las sillas Adirondack azul cielo, y se puso a leer *Elegía,* de Philip Roth. Lo sacó de la mochila, una suerte de bolso de Mary Poppins donde lleva cuanto necesita, junto con una copa de cóctel, que llenó con su spritz con mucha Schweppes.

Pedidos de hoy: *Apprendista di felicità*, de Pia Pera; *Miss Austen*, de Gill Hornby; la *Trilogía de Holt*, de Kent Haruf; *Diario delle solitudini*, de Fausta Garavini; *El libro de cocina de Alice B. Toklas*, de Alice B. Toklas, y *La ciudad de los vivos*, de Nicola Lagioia.

23 de enero

Las previsiones de Protección Civil se han cumplido. Durante todo el día ha caído una lluvia racheada de esas en que el agua cae del cielo a chorros contra las ventanas, y casi siempre se filtra.

He echado la culpa a Giovanni, el carpintero que arregló los marcos y los postigos. Sin embargo, por lo visto, contra la lluvia racheada no puede hacerse nada.

Mi pensamiento siempre vuela a mi pequeña cabaña llena de libros. Sé que sufren con el frío y la humedad, tiemblan y a veces se les rizan las puntas de las cubiertas, señal evidente de su malestar, del miedo a ser abandonados. En los días de sol, en cambio, cuando dejamos incluso la puerta abierta, los veo sonreír y agradecérmelo.

Cuidarlos es mi nueva ocupación. Trabajé unos veinticinco años en el mundo de los libros y cuidé de muchos escritores, pero no era lo mismo: no los elegía yo, me los confiaba el editor. Leía por encargo. Me había labrado una carrera bastante brillante que culminó cuando me propusieron dirigir el gabinete de prensa de una gran editorial. Pero era demasiado tarde. Tenía una hija pequeña y me asustaba vivir en Milán. Dije que no. Una locura. La propuesta se convirtió en un encargo como colaboradora externa. Me alegré mucho. No estoy hecha para fichar y respetar horarios. *L'anarchiste* que hay en mí quería seguir cultivando la indisciplina.

Me asignaron a varios autores y autoras. He de decir que me sentí sumamente afortunada: me tocaron Michael Cunningham, Daša Drndić y Edward Carey.

Michael es un hombre guapísimo. Una vez, en Mantua, se alojaba en una habitación principesca, justo en Piazza delle Erbe. Tengo una cita con él para hacerle una larga entrevista televisiva, pero no se presenta. Logro cruzar el portal del palacete acompañada por las chicas de la limpieza y me planto ante su habitación. Nada, silencio absoluto. Tras comentarlo, decidimos llamar a la puerta. Nadie responde. En situaciones así, incluso yo, que tiendo a pensar en positivo, empiezo a imaginar cosas malas. Después de hablarlo de nuevo, tomamos la decisión de entrar. Nunca olvidaré lo que vi. Por la ventana entornada se filtraba un rayo de luz que acariciaba el cuerpo de Michael, que dormía como un bendito, desnudo, apenas cubierto por una sábana blanca, en una cama que como poco podría calificar de suntuosa. Me vinieron a la cabeza Giovan Battista Marino y su Venus, cuando ve por primera vez a Adonis durmiendo y se enamora de él. «Rosa, risa de amor, hija del cielo».

Una vez, debía de correr junio de 2014, Cunningham era huésped de la baronesa Beatrice Monti della Corte, viuda del escritor austriaco Gregor von Rezzori, en su villa de Valdarno. Celebrábamos una de las ediciones del premio literario en honor a su marido en el espléndido jardín con árboles de rosas blancas. También estaban presentes mi hija, Laura, y su amiga Matilde.

—Ven conmigo a ver al escritor más guapo del mundo.

—Sí, pero no nos hagamos ilusiones, que quede claro: es gay.

Eso, el hecho de que dos chiquillas de trece años fueran en busca del escritor más guapo del mundo sin preocuparse de que probablemente tuviera cuarenta años más que ellas, es una de las magias más poderosas de la literatura.

En la librería siempre hay una copia de *Las horas, Una casa en el fin del mundo, Días memorables* y *De carne y hueso.* En este momento, con esta lluvia, espero que, como Adonis y Michael en Mantua, sus libros duerman como benditos a la espera del sol, la primavera y las rosas.

Pedidos de hoy: *Diario de un librero,* de Shaun Byhtell; *Aún no se lo he dicho a mi jardín,* de Pia Pera; *Otoño,* de Ali Smith; *El quinteto de Nagasaki,* de Aki Shimazaki, y *La quercia di Bruegel,* de Alessandro Zaccuri.

24 de enero

Hoy he ido al oculista con mi padre. Vive solo, tiene casi noventa años y su pasatiempo es leer *La Nazione*. La idea de que pueda quedarse ciego me hace sufrir tanto que en cuanto se ha presentado la ocasión lo he llevado a que le hagan una revisión ocular. El problema está en el nervio óptico del ojo izquierdo: lo perdimos con la última isquemia. Debería ser rosa y, en cambio, es blanco. Me dan ganas de llamar a un electricista como Luigi, que me hizo la instalación de la cabaña, y pedirle que cambie ese nervio óptico, que haga un empalme nuevo con uno de esos cables suyos. Existirá un modo de reparar un nervio óptico, ¿no? No, no lo hay. Pero mi padre no se ha desanimado; es más, ha dicho que estaba contento con la visita. Luego hemos ido a comprar unas gafas nuevas y ahora estamos listos para leer las noticias.

Mi padre tiene mucho que ver con la librería. Fue él quien me enseñó a escribir a los cinco años; lo hizo tan bien que a los seis yo ya era capaz de enviar cartas a mi tía Feny, que en aquella época trabajaba de ama de llaves en Génova. Como todos en el pueblo, su familia era pobre. Fue el primero de seis hijos: Rolando, Valerio, Aldo, Maria Grazia, Valeria y Rina. A cuál más excéntrico.

Mi padre nació en 1931 y durante la guerra fue igual de activo que un partisano adulto. Escuchaba Radio Londres, se declaraba antifascista. En el pueblo todos eran antifascistas. En eso Lucignana es excepcional. Ninguna deferencia con los poderosos: cualquier estirado que se presente interpretando un papel acaba como los doctores de Pinocho. Cuentan que, durante el fascismo, Lucignana fue la única localidad donde no hubo ni siquiera un afiliado. Cuando los cabecillas locales del partido aparecían por el pueblo, lo encontraban vacío. La gente se escondía en los campos, en las casetas de aperos, en los sequeros de castañas..., y adiós, muy buenas.

Él está muy orgulloso de esta manera de ser nuestra y siempre que se le presenta la ocasión le encanta concluir esa historia con el 8 de septiembre y el anuncio del armisticio desde los micrófonos de Radio Argelia, por el general Eisenhower, a las 18.30, y a las 19.42 por el mariscal Badoglio desde los micrófonos de la radio pública fascista, el EIAR. El armisticio con los norteamericanos suscribía el alejamiento del nazismo, y para él, que contaba doce años, fue una gran noticia. Lucignana se tomó la revancha: encendieron una gran hoguera en lo alto de la colina de Canovaglio para que la vieran los del valle, donde se habían repartido carnets fascistas a espuertas.

Pero para el pequeño Rolando lo peor estaba por llegar; aún debía darse el momento fatídico en que la historia deja de ser Historia y se convierte en la herida sangrante de la propia familia.

Los evacuados empezaban a regresar a sus casas. En Lucignana había una familia de Terzoni, con vacas lecheras, ollería y demás, que estaba organizándose para bajar al valle. Pidieron ayuda a Aurelio Moriconi, un hombre del pueblo que rondaba los cincuenta. El Moriconi, como solían llamarlo, aceptó, y al final, entre pitos y flautas, se llevó consigo al pequeño Rolando y al pequeñísimo Valerio. A los dos hermanos les debió de hacer gracia la idea de ayudar y sentirse mayores. Cuando llegan al valle se encuentran con un obstáculo: hay que cruzar el río Serchio, pero no hay puentes. Por suerte, se topan con unos soldados brasileños, que además de regalar cigarrillos y chicles siempre están dispuestos a echar una mano. Construyen una pasarela sobre el río con troncos y luego ayudan a cruzar a las vacas, pero estas, asustadas cual gallinas perseguidas por un zorro, resbalan una y otra vez y hay que arrimar el hombro para subirlas. En definitiva, no es el paseo que el pequeño Rolando y el pequeñísimo Valerio habían imaginado. Cuando llega su turno, el Moriconi se sube a los troncos llevándolos de la mano y oye un estruendo. No es un avión ni un tanque, sino agua. Agua que los alcanza a la velocidad de la luz y los arrastra. Los alemanes han hecho estallar una presa en el norte y el caudal fluye con ímpetu hacia la desembocadura. El pequeño Rolando, que se ha quedado un poco rezagado, presencia la escena. Los soldados se lanzan al río, dan con algo. Es Aurelio Moriconi. Tiene las manos vacías, la mano del pequeñísimo Valerio no está entre las suyas. Lo encontrarán tres meses después en las cercanías de Diecimo, unos diez kilómetros más abajo, enganchado en una barrera antitanque. El pequeñísimo Valerio no volvió a casa aquella noche y no hubo más noches sin dolor ni tristeza.

Por eso creo que Rolando no puede perder la vista: tiene que leer diariamente las noticias en busca de una solución. La historia se repite, y si esta vez no lo pilla desprevenido, quizá podría cambiar el final.

Hoy no ha habido pedidos y he aprovechado para acabar *Por qué se cuece el niño en la polenta*, de Aglaja Veteranyi.

25 de enero

Los niños de Lucignana han visitado la librería al salir de misa. Verlos llegar en grupo siempre es una alegría. Por ellos se hacen las cosas, por ese puente invisible que une nuestra infancia con la suya.

Yo subía la escalera, mitad de ladrillo y mitad de madera, hasta el desván, donde dejaba de ser una criatura hecha de barro y miedos y me convertía en una persona libre que se buscaba a sí misma en los libros. Creo que habría muerto si no hubiera tenido el desván, quizá debajo de un árbol con una culebra en la garganta. En aquel lugar guardaba mis recuerdos de niña: abriguitos, cuadernos, cuentos de hadas, libros de texto, ropa que enviaban los tíos de América (a los que no conocía), y también un amuleto: la maleta de mi padre, en la que, supongo, mi madre había metido con rabia las cosas que papá se había dejado en casa. La abría a diario, contemplaba los zapatos, las camisetas de algodón, las camisas. No sabía si aquella maleta me devolvería a mi padre, pero sí que alejaba el dolor: papá estaba allí y me protegía.

Lucignana está buscando su desván. La apertura de la librería, el 7 de diciembre de 2019, fue todo un acontecimiento. Las maestras de las escuelas de Ghivizzano me contaron lo orgullosos que estaban los niños, incluso algunos difíciles, como Alessio y Matteo. «Tenemos una librería», decían. Este pueblecito, que hasta ayer era desconocido incluso para los habitantes de los pueblos cercanos, salía en la televisión y en los periódicos, estaba en boca de todos. La gente fletaba autobuses que acudían desde lejos, de Reggio Emilia o de Vicenza, por ejemplo, o bien llegaba en autocaravanas; en cualquier caso, se presentaban grupos de toda la Toscana. No había COVID. Bueno, sí que había, pero aún no lo sabíamos.

Hoy, desde el jardín, hemos visto llegar a los niños arrebujados en gorros y bufandas. Sofía, una rubita de ojos azules, ha comprado *Mujercitas* para regalárselo a una amiga por su cumpleaños; su hermano Paolo, rubio y de ojos azules como ella, un libro de piratas; la pequeña Anna ha elegido *La reina de las ranas no puede mojarse los pies,* de Davide Calì y Marco Somà, y Sara se ha llevado *Alicia en el país de las maravillas,* ilustrado por Tenniel. Me ha conmovido verlos marchar con los libros debajo del brazo.

Entre ellos están Emma y Emily. Cuando caminan por el pueblo, la una al lado de la otra, me imponen cierto respeto, como si su paso fuera diferente del de los otros niños. Emily lo sabe, y todos los años compra el calendario de Emily Dickinson. Ha entrado en el castillo.

También está Angelica, de doce años. Angelica es la lectora. Angelica es la pasión. Practica gimnasia rítmica, es espigada como un tallo. Acude a menudo a la librería para cubrir algún turno. Siempre busca un libro «diferente», y cuando lo dice entorna los ojos, abandona este mundo, se remonta mucho en el tiempo. Un día compró *Las aventuras de Susi y Biribisi*, escrito por el sobrino de Collodi.

«Este libro me recuerda a mi abuela», dijo.

Le encanta todo lo de Elinor Marianne: los cuadernos, las agendas, el «neceser de la lectora»... Elinor Marianne ha hecho dos agendas geniales: *Los libros que he leído* y *Los libros que querría leer*. Ella tiene ambas, naturalmente.

Angelica soy yo regresando por fin sin miedos a mi infancia. Porque la infancia es una trampa, contiene lo bueno y lo malo, y hay que encontrar la varita mágica para transformar lo uno en lo otro. Ahora tengo una carroza llena de libros. Estoy servida.

Me viene a la cabeza un mensaje que me envió Vivian Lamarque, una de mis poetas favoritas. Dice así: «¡Qué maravilla! ¡Qué buena idea has tenido! Es como una linda casita de campo de Virginia Woolf, pero de una Virginia Woolf pequeñita, de cuatro o cinco años...».

Hoy han encargado *Lolly Willowes o el amante cazador*, de Sylvia Townsend Warner; *Last Things*, de Jenny Offill; *Calma*, de Tim Parks; *Elizabeth y su jardín alemán*, de Elizabeth von Arnim; *The*

Green Wiccan Spell Book, de Silja, y *Wild Decembers*, de Edna O'Brien.

26 de enero

Protección Civil, con su voz inexpresiva, ha llamado otra vez. Anuncia que esta noche bajarán las temperaturas, lo que hará que se formen placas de hielo en las carreteras. Es como si estuviéramos en el escenario de *Twin Peaks*, según lo imaginó David Lynch, entre Estados Unidos y Canadá. Pero aquí, en Lucignana, Laura Palmer está sana y salva y ha abierto una librería. La ha construido de madera, como el segundo de los tres cerditos.

Hace unos años se publicó un libro cuyo título era *Istruzioni per l'uso del lupo*, de un joven Emanuele Trevi. Es un librito de pocas páginas, un extraordinario concentrado de vitaminas. Empapelaría las paredes de la librería con sus páginas. Viene a decir que contra el lobo no puede hacerse nada: cuando llega arrolla nuestra casa, siempre y pese a todo. Así que un aplauso para el primero de los tres cerditos que se enfrenta al soplido del miedo con una frágil brizna de paja.

Pero yo no podía hacer la librería de paja. Por eso llamé a mi amiga Valeria, arquitecta de Florencia, pero con un novio inglés en Lucca; la persona que ha devuelto la vida a todas las casas que he reformado. Le pedí que la proyectara de madera.

Valeria subió hasta aquí y cuando vio dónde quería construir el fortín a prueba de lobos, se le iluminó la cara. Le gustan los retos, es una arquitecta que siempre encuentra una solución. Me enamoré de ella delante de una pared en la que probábamos diferentes tonalidades de pintura. Siempre elegíamos el mismo color. Fue así como mis casas pasaron por sus manos, y siempre hemos coincidido en todo. Colores polvorientos, colores que no son colores, y mucha luz.

Teníamos una loma de dos metros y medio, escarpada, que descollaba sobre un alud de colinas llenas de olivos ladeados. Pero el amor y el sueño estaban de nuestra parte.

Yo le compartía rincones de librerías inglesas, francesas y holandesas, de jardines con sofás de estilo provenzal; publicaba verjas, tiradores, sillas, lámparas, tacitas, luces, escaleras con flores; le compartía flores y cajitas, creía firmemente en el poder de los detalles. Mientras la pobre Valeria se las veía con geólogos, ingenieros y varas de hierro, yo le enviaba, a las tres de la madrugada, fotos de senderos floridos y casitas para elfos.

El día en que el carpintero plantó los tablones de madera sobre la peana de hierro que había ampliado la base de la naciente librería y entrevimos las paredes y el tejado fuimos felices como niñas. El segundo cerdito no era tan perezoso como parecía y tenía sentido estético: la casa de madera era la más bonita. Eso Trevi no lo escribió. He de decírselo.

Pero en todo lo demás tenía razón: tarde o temprano, el lobo llega. No tardaría en presentarse en la cabaña de Sopra la Penna.

Pedidos de hoy: *Vita meravigliosa*, de Patrizia Cavalli; *In comode rate*, de Beatrice Zerbini; *El libro de los Baltimore*, de Joël Dicker; *L'amore e altre forme d'odio*, de Luca Ricci; *L'istante largo*, de Sara Fruner, y *Un paseo invernal*, de Henry D. Thoreau.

27 de enero

Hace un año organizamos un acto con ocasión del día internacional de la Conmemoración del Holocausto. Se apuntaron unos diez niños. Eleonora, una chica que vive en las inmediaciones de Lucignana, una suerte de Greta Thunberg local, leyó con voz dulce un relato, y luego los niños dibujaron lo que recordaban. Aparte de Angelica, que rebosa sensibilidad y capacidad de atención, me impresionó el modo en que reaccionó un niño con trastorno por déficit de atención. Con los ojos muy abiertos, Matteo no se perdió una sola palabra. Eso también es magia.

Al jardín se accede por una verja de color verde salvia: se baja un peldaño y es como entrar en un cuento de hadas. O eso dicen los visitantes. Hay un ciruelo silvestre, un melocotonero, un plumbago, glicinas, rosas y peonías. Las mesas y las sillas son de hierro; también hay dos sillas Adirondack azul cielo y dos tumbonas de flores. Las Adirondack están muy solicitadas; algunas personas las reservan expresamente.

Esas sillas son fruto de la fantasía de Thomas Lee, un arquitecto que, a principios del siglo XX, pasaba los veranos en las montañas Adirondack, cerca de Westport, en la frontera entre el estado de Nueva York y Canadá. Con el tiempo se han convertido en Las Sillas de Jardín.

Colgadas de los árboles hay tacitas de té boca abajo y lámparas que se encienden en cuanto se pone el sol. También hay una casita para pájaros, pintada por mí de verde y azul celeste. Pero los pájaros nunca la usan. Al principio me desesperaba; luego, mi hermano, cazador experimentado, me explicó que no se acercan porque hay gatos.

Los gatos son de Luisa, cuyo taller está a unos pocos metros de la librería. Tiene muchísimos. De día no se dejan ver, pero de noche son los amos del jardín.

Luisa y su hermana Anna eran mis amigas desde la infancia. También lo era Alda. Una historia triste.

El día internacional de la Conmemoración del Holocausto me despierta el recuerdo de Daša. Me asignaron a Daša Drndić para la publicación italiana de *Trieste*. Daša era croata, dura, guapa y comunista en el sentido más puro de la palabra. Era difícil que alguien le cayera bien. Había vivido una historia de amor con el más grande, Danilo Kiš, y consideraba a los otros escritores unos mimados. Nos cogimos cariño, me propuso traducir mis poemas al croata, luego desapareció. Murió el 5 de junio de 2018. Dos años antes había aceptado pasar un par de semanas en Santa Maddalena, residencia para escritores y casa de la baronesa Beatrice von Rezzori, a pocos kilómetros de Florencia. Un lugar magnífico de no haber sido por la servidumbre uniformada de punta en blanco y por los escritores treintañeros que, según Daša, se dejaban servir el desayuno, la comida y la cena. Para ella era inconcebible. Conservo de ella una foto suya fregando en mi casa después de haber comido juntas.

En *Trieste* hay cuarenta y tres páginas con nueve mil nombres de judíos italianos asesinados entre 1943 y 1945. Dos páginas enteras con el apellido Levi. Daša describe el campo de concentración de Trieste, la Risiera de San Sabba, y por primera vez ilumina el rincón más oscuro de la ocupación nazi en el norte de Italia. Es un libro que hay que leer. Cuando lo publicaron, discutí con unas amigas que negaban la existencia de los campos de concentración como lugares de muerte. Las amistades también se acaban.

Hoy no hay pedidos.

28 de enero

Ayer llamé a Florencia, a una librería de las de verdad, un coloso. Quería saber si tenían el calendario de Emily Dickinson. No me quedan y están muy solicitados, no solo por nuestra pequeña Emily. Conservo uno de 2001, año en que nació mi hija, Laura. Ni siquiera se encuentra en Amazon, así que debe de estar completamente agotado. Según mi distribuidor, está llegando, pero no llega.

«Buenos días, quisiera saber si tienen calendarios de Emily Dickinson».

Instantes de duda.

«Perdone, ¿el calendario de...?».

Siempre me sorprendo cuando alguien que trabaja en una librería no conoce el nombre de un clásico, ni siquiera de oídas. Es como trabajar en una pastelería y no saber qué es una tarta Sacher. Quizá pillé por casualidad a la encargada de la sección de Ciencias. Eso espero.

Son las cinco de la mañana. He aprovechado la mención a la tarta para bajar a la cocina a prepararme dos crepes con sirope de arce y una taza de café negro y largo. Me he acordado de que el año en que Tiziano Scarpa ganó el premio Strega con *Stabat Mater* pedí el libro en una librería de Prato. Al dependiente ni le sonaba. Si hubiera sido un examen, lo habría suspendido. Soy consciente de que pedir un libro de Scarpa es como pedir una *marquise* de menta, pero ¡la Dickinson es una auténtica Sacher! Siempre se lo digo a las voluntarias que hacen turnos en la librería: echad un vistazo a las cubiertas, a las fajas, a los nombres, a las secciones.

Un día de septiembre llegó una chica a la librería. Entró en el jardín sola, por la verja grande del fondo. Muy mona, alta, pelo negro, larguísimo. Fue directa hacia mí y me dijo: «Me gustaría ser librera, quisiera trabajar aquí de voluntaria».

También se lo había pedido a Shaun Bythell, propietario de la segunda librería de viejo más grande de Escocia, pero él, con sus nueve salas llenas de libros, le respondió que no necesitaba a nadie. En cambio, yo, que ya había oído el tintineo del hada Campanilla, le respondí: «Vale».

Se llama Giulia y tiene un poco de florentina, un poco de siciliana y un poco de maremmana. Estudia Ingeniería, aunque sabe que no es lo suyo, y es una entendida en libros. No tiene Facebook ni Instagram, lo cual, pese a complicar un poco nuestra relación, la coloca en el acto en la sección de Mitos. Su llegada al jardín y su frescura son también obra de la magia de la librería Sopra la Penna. Tiempo suspendido y apertura de un espacio donde ocurren cosas nunca vistas —Wendy va a la fiesta en lugar de Cenicienta, Cruella de Vil se come la manzana envenenada y el príncipe salva del frío a la pequeña cerillera—; se oyen advertencias, consejos, se ordenan estanterías y se coloca en el lugar correcto a los autores cuyo nombre comienza por J, es decir, después de la I, no de la Y. Durante un momento mágico puede suceder cualquier cosa. Yo le dije sí a Giulia. Ella sabe que busco un calendario de Emily Dickinson antes de que me dé cuenta de que se han acabado. De vez en cuando, desde lo alto de sus veintiocho años, me mira y me dice: «¿Qué pinta aquí Terzani? Vamos, devuélvelo».

Y yo lo hago.

La juventud inteligente me conquista. Es verdad, Giulia lleva razón: aquí tenemos «nuestros» libros, no los que pueden encontrarse en cualquier sitio. Es como en la librería de casa: los libros, recién publicados o no, deben tener sentido, haberse elegido para ocupar un lugar en una estantería determinada. ¿Elecciones arbitrarias? Quizá. Como separar a los narradores de las narradoras. He seguido el instinto. Pero luego, pensándolo bien, ¿acaso no es una novedad del último siglo que las mujeres escriban? Y si lo hacen tras siglos de silencio, seguro que tendrán mucho que decir y que lo dirán a su manera. ¿No es lógico, pues, que cuenten con un par de estanterías enteras para ellas?

Pedidos de hoy: *Penélope y las doce criadas*, de Margaret Atwood; *Cuore cavo*, de Viola di Grado; *Hopper*, de Mark Strand; *La familia Karnowski*, de Israel Joshua Singer; *La librería*, de Penelope Fitzgerald, y *La tribu Einaudi*, de Ernesto Ferrero.

29 de enero

Ayer por la mañana tuve la sensación de que las cosas podrían ir bien a pesar de que la pandemia está alterando nuestros gestos cotidianos. Ha llegado *The Literary Witches Oracle*, una curiosa baraja de Tarot para predecir el futuro cuyos naipes representan figuras de escritoras. He comprado una para ver qué tal es, pero hoy haré un pedido mayor. Estoy segura de que a nuestros seguidores o, mejor dicho, a nuestras seguidoras (son un ochenta y cinco por ciento de mujeres y un quince por ciento de hombres) les gustará mucho.

Saco tres cartas al azar: Anaïs Nin, «Subconscious»; Emily Brontë, «Fantasy», y Jamaica Kincaid, «History». Acto seguido, aventuro una interpretación sin detenerme a pensar: abrir los cofres que contienen nuestros sueños rotos, dejar circular la fantasía y concretar los deseos en la vida cotidiana.

La baraja de las escritoras está formada por treinta cartas y es una creación de Taisia Kitaiskaia y Katy Horan, la dibujante. Algunos naipes me fascinan: el de Sylvia Plath con un corpiño y una falda hecha de ramificaciones rojas que podrían ser raíces, venas o arterias palpitantes de sangre, cuya palabra es «Dark»; o el de Flannery O'Connor, «Humanity», que aparece abrazando uno de sus pavos reales. La baraja gustará; sí, tengo que hacer un pedido.

Pero no es la única buena noticia de ayer. También me ha respondido Natalie, una mujer de Israel que confecciona calcetines con citas de *Orgullo y prejuicio* y *Alicia en el país de las maravillas.* La semana pasada le escribí. Los colores son polvorientos, tonos lunares. Ahora estoy negociando con ella la adquisición de unos treinta pares. A algunas de las personas que conozco les volverán locas. Como una chica que un día se presentó con una falda igual que la cubierta de *Retratos gatunos,* de Sébastien Perez y Benjamin Lacombe. Compró en la librería todos los regalos de Navidad y se fue con veintisiete paquetes, aparte del libro de Perez y Lacombe, obviamente.

Es así como lleno la librería, con libros y objetos relacionados con ellos. Navego por la red y busco hasta que del fondo oscuro de la noche emerge la pieza adecuada.

Los Libros Mudos, por ejemplo, los encontré en el MoMA de Nueva York. Son estupendos: cuadernos de papel de arroz, encuadernados a mano con costura vista; cubiertas que reproducen, con refinamiento milimétrico, las de los clásicos, de *Desayuno con diamantes* a *Moby Dick*; bordes pintados artesanalmente en azul de Prusia o tierra de Siena. Estaba ya preocupándome por lo difícil que sería conseguirlos desde Lucignana cuando descubrí en su página web que los hacían en Florencia.

La jornada de ayer incluyó un breve desplazamiento. Fui con Donatella a Coreglia, la señora capital de provincia. Visitamos a Leonardo y a Federico, que viven en Villa La Penna, un lugar en el que en cuanto entras te sientes transportado a Monk's House, la casa de Virginia Woolf en Rodmell, en el condado del Sussex Oriental. La casa de Virginia de mayor, para entendernos. Donatella es la compañera ideal para disfrutar de esos ambientes, nos gustan las mismas cosas, y fotografió muchos detalles. Es muy buena con el móvil, hace maravillas con ese chisme. A decir verdad, Donatella lo hace todo bien y tiene un gusto infinito. Además es guapa, la más guapa del pueblo. Su casa y su jardín son bonitos; su marido, Graziano, es un hombre apuesto, y su hija parece su hermana. Hace dos años, nada más acabar la presentación de mi último libro de poemas, se me acercó y me dijo algo que me emocionó. No me lo esperaba de ella porque suele mantenerse al margen de los asuntos del pueblo, y la manera en que me habló fue una novedad. Ahora somos como hermanas. Pruebo a alzar una carta pensando en ella. Sale Toni Morrison y su palabra es «Power». La mía para Donatella es «Queridísima».

Pedidos de hoy: *Ordesa*, de Manuel Vilas; *Out*, de Natsuo Kirino; *Hotel World*, de Ali Smith; *Bella Vista*, de Colette; *Kitty Foyle*, de Christopher Morley; *My Turn to Make the Tea*, de Monica Dickens, y *Penélope y las doce criadas*, de Margaret Atwood.

30 de enero

Son las 4.59 de la madrugada. Hace un año, a esta hora, la librería estaba en llamas y yo aún no lo sabía. Me enteraría poco después. A las 5.30, alguien gritó bajo mi ventana: «¡La librería está ardiendo!». El lobo había llegado.

Fue Alessandra, que forma parte del grupo de las voluntarias, quien me avisó. Claudio, su marido, que entraba a trabajar en la fábrica en el turno de las 6.00, había visto la columna de humo al salir de casa. Su hijo Michele, al contrario que él, volvía del trabajo. Traspaso de consignas: «Ve a ver qué pasa. Sale humo de la librería».

«¡La librería está ardiendo!», fueron las palabras textuales de Alessandra. No era un capítulo de *Vida de motel,* de Willy Vlautin, el angustioso libro que estaba leyendo la víspera en la cama, sino la realidad, que entraba por mi amada ventana.

Bajo a sabiendas de que nada podré hacer. Sin mover un dedo, veo a Michele abrir la puerta de la librería, veo las llamas salir del interior, y observo a Alessandra transportando cubos de agua. Al poco, todo ha acabado.

Michele, alto, rubio y guapo, es el héroe del día. Ha sofocado el incendio. Yo solo he sido capaz de enviar un mensaje a Pierpaolo, que estaba en Florencia, y otro a Donatella, que al rato llega con Graziano.

Todos vamos en pijama. La presencia de Graziano, responsable del mantenimiento de una gran fábrica de la zona, me transmite seguridad. Comprueba que los cables eléctricos atrapados entre los tablones estén muertos. Lo están. Así acaba el cuento de una poeta que lanzó un *crowdfunding* en Facebook y montó una librería en una aldea de montaña.

El lateral izquierdo de la cabaña ha quedado destruido, la máquina de café se ha derretido, las estanterías se han quemado y lo que queda de los libros está carbonizado. Es un amanecer triste. A las 8.00 ya ha corrido la voz y han llegado todos los amigos. La librería había nacido de este modo: compartida con el setenta por ciento del pueblo, turnos de voluntarios que se alternaban para ser siempre tres. Una en la caja, otra despachando y yo haciendo un poco de todo. Ahora, todo se ha convertido en humo.

Después ocurre algo inesperado. Son las 9.00, las agencias han difundido la noticia, los periodistas anuncian su llegada. Se rumorea que ha habido dolo. Subo a casa a hacerme un café cuando entran Barbara y Rosita, dos chicas que han estado conmigo desde el principio. Nos abrazamos, se nos saltan las lágrimas. Pero no dura mucho.

—¿A qué hora quedamos para poner orden?

Miro el reloj.

—¿A las diez?

—Vale, hasta ahora.

Y volvemos a empezar, todos a una. El 30 de enero de 2020 luce el sol. Barbara, Donatella, Rosita, Moira, Monica y Fabiola limpian las estanterías ennegrecidas pero indemnes. En el jardín, los libros que colocamos sobre las mesas forman hileras oscuras. Tiziana, a la que llamamos la alcaldesa de Lucignana, coordina las operaciones. También están las más jóvenes, como Noemi y Marika, e incluso Elisa, la madre de Emily, con el bombo de ocho meses.

Armadas de esponjas y detergente, tiramos lo inservible y lavamos, una por una, las cubiertas de los libros recuperables. Tenemos un plan de contraataque: lanzar un nuevo *crowdfunding*, organizar un par de domingos una exposición de libros ennegrecidos pero leíbles y aceptar donaciones espontáneas.

En el grupo de los voluntarios hay dos treintañeros, Giulia y Giacomo. Ella es asesora fiscal y él arquitecto; son primos, rezuman entusiasmo. Para ellos siempre hay una solución. También son los primeros del pueblo que se han sacado una carrera. Verlos dando vueltas por la librería me produce una alegría inmensa. Giacomo, ojos azules y perilla rubia, es la calma personificada. Giulia, ojos negros brillantes, es la que siempre encuentra solución a cualquier problema. La ilusión por volver a empezar se la debo a ellos. Debajo de la librería, sustentándola, no había solo varas de hierro, sino todo un pueblo. Querido lobo: de eso no tenías ni idea.

Pedidos de hoy: *Apprendista di felicità* e *Il giardino che vorrei*, de Pia Pera; *Le voci delle case abbandonate*, de Mario Ferraguti; *La memoria rende liberi*, de Liliana Segre y Enrico Mentana, e *Isolitudini*, de Massimo Onofri.

31 de enero

El 31 de enero del año pasado estábamos en todos los periódicos, a doble página, y mi foto con la mirada extraviada circulaba por los quioscos de toda la provincia de Lucca. Barbara, la madre de Angelica, a quien no le gusta que la retraten, aparecía en todas y cada una de las instantáneas. En el grupo de voluntarios hay dos Barbara, ambas «importadas», es decir, llegadas a Lucignana como compañeras o esposas de alguien. Para distinguirlas, en el pueblo las llamamos Barbara de Daniele y Barbara de Maurizio. El nacimiento de la librería sirvió, entre otras cosas, para asignarle a cada una un apellido propio y estrechar aún más los lazos entre los oriundos del lugar y quienes, como ellas, han llegado de fuera.

La librería, inaugurada el 7 de diciembre de 2019, incendiada el 30 de enero de 2020 e inmediatamente reconstruida, ha dado al grupo una oportunidad de oro para convertirse en una comunidad.

La comunidad es una familia especial de la que uno se siente parte integrante, en la que se echa una mano a quien lo necesita y se comparten penas y alegrías. Esa familia acudió prácticamente en pleno: carpinteros, electricistas, arquitectos y arquitectas...: todos en la parrilla de salida, listos para empezar de nuevo; en efecto, en marzo ya estábamos preparados. Aprovechando la ocasión, dotamos a la cabaña de una pérgola que aumentaba el espacio de exposición de los libros y protegía de la lluvia y el sol.

La certeza de un cortocircuito que sobrecalentó la máquina de café y prendió fuego a todo lo demás fue desbancando poco a poco a la hipótesis de dolo.

A las 12.00 del 31 de enero del año pasado, una chica de edad indeterminada con vaqueros y una chaqueta demasiado fina para la estación merodea entre los escombros. Es a mí a quien busca. Se llama Tessa. Al poco sabré que es italoestadounidense, de madre norteamericana de origen sudafricano e irlandés y padre italiano de origen alemán. Sabré también que su marido, Christian, es de Nigeria. Girar a su alrededor es como visitar medio mundo.

Tessa llega de Lucca y ha dejado el coche a un paso de la librería. Esta misma mañana, mientras desayunaba en un bar, ha leído nuestra historia en el periódico que había en la barra. Se disponía a llevar a los anticuarios de Lucca ocho cajas de libros que habían pertenecido a su madre, fallecida hace unos meses, pero en cuanto se ha enterado de lo nuestro, ha cambiado de planes y se ha presentado en Lucignana.

Los libros están guardados en cajas de las que se usan para la recolección de la aceituna, precisa Tessa, como dando a entender que el libro tiene que ver con el trabajo, la siembra y la cosecha, no con la mente y las ideas abstractas. Y estamos de acuerdo. Su madre es el centro, la luz de la que nace todo y que todo ilumina, hasta las cajas para la recolección de la aceituna.

Nos ponemos manos a la obra, descargamos. Tessa tiene una fuerza y una energía nunca vistas. Me preocupa un poco no saber dónde poner esos bonitos libros. Lo nota.

—Estás triste, ¿qué necesitas para alegrarte?

Sonrío.

—En este momento, diez mil euros.

—Vale. Esta tarde los tendrás.

—...

Me abraza y las lágrimas asoman a sus ojos azules.

—Es la herencia de mi madre. Ella lo habría hecho. Nos enseñó a ayudar a quienes lo necesitan. A eso consagró su vida.

Tessa me regaló un punto de libro que se ha convertido en nuestro marcapáginas oficial, en el que se lee: «Fue mi madre, Jean Martin, quien me enseñó a cuidar de los demás. Y también mi padre, Grenville, que a su vez aprendió del suyo a amparar a los más desventurados y a darles una oportunidad, a pesar de la pobreza en la que creció».

Está firmado por la madre de Tessa, Lynn Holden Wiechmann. Sí, Holden, se llamaba Lynn Holden.

Pedidos de hoy: *Hopper*, de Mark Strand; *Mujeres que compran flores*, de Vanessa Montfort; *Cuore cavo*, de Viola Di Grado, y *El muchacho silvestre*, de Paolo Cognetti.

Febrero

4 de febrero

He pasado unos días en Florencia y no he escrito nada. Escribir allí era del todo imposible. Estuve con Laura y Mirto, que ha ocupado el lugar de Kiko, fallecido el verano pasado y enterrado bajo el ciruelo silvestre que hay al otro lado de la empalizada de la librería. Con la muerte de Kiko se acabaron los brincos de alegría que acompañaban nuestros encuentros, las carreras con repentinos cambios de sentido, las palabras susurradas por las mañanas para despertarme. Lo echo de menos.

Mirto es un cachorro de perro lobo, alto, en forma, flexible como si fuera de goma. Es de Laura, no mío. En mi hija ha aflorado con él un instinto maternal que me conmueve. También me conmueve cómo estudia, el camino accidentado que ha recorrido sola. Aunque siempre he estado presente, al final al miedo siempre nos enfrentamos solos.

Laura tiene los ojos rasgados pero azules, quizá eso la haya mantenido a salvo de todo: los hospitales, las amigas abusonas, los padres ausentes, las presencias frías.

A la que le gustaba vivir en Florencia era a mi madre. Tras cumplir los noventa empezó a pasar muchos meses con nosotros, de octubre a mayo. Estaba a gusto, se transformaba, perdía su aire de campesina que lucha contra el hambre y el frío y se convertía en una señora. Daba largos paseos hasta Piazza Pitti, tenía conocidas con las que quedaba. Luego, cuando regresaba a casa, la esperaba el coro de las amigas de toda la vida. Las llamadas se solapaban, Lucignana resonaba en el corazón de todas. Sí, porque todas habían ido a parar lejos. Mery, la dulce Mery, hija de Romeo, vivía en Massa, y Redenta, que era una sargentona, en Génova. Mery y Redenta se peleaban continuamente y se desahogaban con mi madre, a la que acudían para echar pestes la una de la otra.

Hay un libro muy bonito de Rabih Alameddine, *La mujer de papel*, en el que una mujer que vive sola en una Beirut devastada traduce por placer los libros que le gustan. Los folios y los libros traducidos por amor al arte atestan todas las habitaciones de su casa. Por las tardes, tres amigas se reúnen en la planta de arriba: hablan, se maquillan y cuentan cómo es la vida en el exterior. Un coro escénico para su soledad. A esas tres mujeres me las imaginaba así, como Iole, Redenta y Mery; su voz, una música queda, a veces frenética, y necesaria. *La mujer de papel* es una de esas novelas que seguiré aconsejando, aunque haga unos diez años que se publicó.

Pedidos de hoy: *Demasiada felicidad*, de Alice Munro; *Il romanzo di Moscardino*, de Enrico Pea; *Il rumore delle cose che iniziano*, de Evita Greco; *Nehmt mich bitte mit*, de Katharina von Arx; *Genio y tinta*, de Virginia Woolf, y *Le cose semplici*, de Luca Doninelli.

5 de febrero

Yo aquí vivo con las sombras, con una larga estirpe de tías y tíos que vela por mí. Está mi tía Polda, que se asoma a la ventana para ver pasar el mundo; mi tía Feny, que se calienta apoyando los pies en los morillos de la chimenea; mi tío Fernando, de ojos azules, que se pasea por el campo a sus noventa años; mi tío Ferruccio, a quien nunca llegué a conocer y del que se cuenta que murió joven, arrastrado por un funicular al que se quedó enganchado; mi tío Rodolfo, que se marchó muy pronto por razones de supervivencia; mi tío Aldo, emigrante, que con su pendiente de eterno Peter Pan hizo soñar —bajo los vastos cielos australianos— a incontables Wendy; mi tía Grazia, tumbada sobre un patín acuático, en biquini y con pamela de paja, en la Viareggio de los años sesenta, cuando aquí, en Lucignana, las mujeres aún llevaban un pañuelo anudado en la cabeza, y finalmente Morando, el primo que empinaba el codo y los domingos volvía del pueblo de al lado dando tumbos por los callejones.

El 15 de octubre de 1895, Giovanni Pascoli y su hermana Maria fueron a vivir a siete kilómetros de Lucignana. El 5 de junio de 1897 dice en el prólogo de *Poemitas*:

> [...] ¿Hubo un tiempo en que no vivimos aquí, en el que al levantarme no veía la Pania y el Monte Forato? [...] ¿Y de quién es esta voz? [...] Es del río, del Serchio. Dime, Maria, dulce hermana: ¿hubo un tiempo en que no se oía esa voz?

Pascoli, con su arrogante pizca de retórica, dice que le gusta con locura vivir aquí. Adora el paisaje y a su gente. Sabe cuánto dolor esconde la belleza, la paz de la cotidianidad. Sabe de los emigrantes, de la soledad de las noches neoyorquinas, de los italianos que susurraban «Cheap, cheap» en la oscuridad señalando las figuritas de yeso en los cestos colocados a sus pies. «Cheap, cheap», como dos pajaritos que no encuentran su nido, que se oyen y se reconocen. Ese amor desaforado tiene algo que ver con las sombras. Prosigue:

> [...] Sabed que la dulzura enorme de vuestras voces nace de no sé qué eco que resuena en la íntima oquedad del dolor del pasado.

Es la definición del dolor más exacta que conozco.

> Sabed que no vería el mundo de color rosa si antes no lo hubiera visto tan negro.

Seamus Heaney, que conoció la poesía de Pascoli en los últimos años de su vida, que la adoró y tradujo, dijo algo parecido cien años después: que en la poesía lo delictivo y lo maravilloso se encuentran a partes iguales.

Conocí a Seamus Heaney. Auténtico, sencillo, comprometido y sin un ápice de egocentrismo, un poeta. Cuando elegí el nombre de la librería,* pensé en él. En Lucignana nunca hubo señores, solo siervos de la gleba, aparceros, jornaleros, campesinos. La pluma que daba nombre a una calle y a un callejón, el de mi casa, solo podía ser la de una gallina.

En sus comienzos, Heaney había escrito un poema extraordinario en que recuerda a su padre empuñando la azada entre hileras de patatas, y a su abuelo cortando y cercenando turba.

> [...]
> *Pero yo no tengo una pala con la que seguir*
> *a hombres como ellos.*
> *Entre el índice y el pulgar*
> *descansa la gruesa pluma:*
> *cavaré con ella.*

* Librería de la Calle de La Pluma. *(N. de la T.).*

Eso pensé yo. No tengo fuerzas para criar gallinas y cultivar huertos, pero tengo una pluma, una pluma de gallina que se transformó primero en una estilográfica, luego en un bolígrafo y después en un boli de gel. Ahora yo también cavo con él, aquí, en la librería Sopra La Penna, entre el Serchio y los Alpes Apuanos. Incluyo Prato Fiorito porque es bonito a rabiar, aunque Zvanì no podía verlo porque lo tenía a espaldas de la Caprona.

Pedidos de hoy: *El bastón de Virginia*, de Laurent Sagalovitsch; *Le Temps du voyage: petite causerie sur la nonchalance et les vertus de l'étape*, de Patrick Manoukian; *Las mil y una noches*, ilustrado por Marc Chagall; *El mensaje de las rosas*, de Serdar Özkan; *Diario de un librero*, de Shaun Bythell; *Apprendista di felicità*, de Pia Pera; *La vegetariana*, de Han Kang; *Hokusai. Hiroshige. Treinta y seis vistas del monte Fuji*, a cargo de Suso Mourelo; *Pequeñas historias Montessori. El pájaro herido*, de Ève Herrmann; *Alice Cascherina*, de Gianni Rodari, y *Always*, de Emma Dodd. Seis calendarios de Emily Dickinson.

6 de febrero

Hoy es sábado, hará sol y a la cabaña seguramente vendrá un nutrido público de lectores, transeúntes de las historias y peregrinos de la palabra. Me pregunto por qué vienen aquí. Buscan algo que no tienen al alcance de la mano. Una chica que duda entre dos libros me dice: «Elijo este porque no lo he visto en ninguna parte». Disfruto de ese maravilloso privilegio: contar con la confianza de quienes llegan hasta aquí. Un privilegio que conlleva una gran responsabilidad. No puedo defraudarlos.

Recuerdo como si fuera ayer aquella noche de abril de hace dos años. El principio de todo. En la pantalla del iPad, abierta mi cuenta de Facebook, aparece a la derecha una palabrilla mágica: *crowdfunding*. Lo que más me fascinó no fue la segunda parte de la palabra, «buscar dinero, financiación» y demás. No, lo que más me gustó fue *crowd,* término que remite directamente al dios de la poesía norteamericana: Walt Whitman. *Crowd*, «muchedumbre, multitud». «Just as any of you is one of a living crowd, I was one of a crowd». Pruebo a traducirlo: «Igual que cada uno de vosotros es miembro de una muchedumbre, yo fui miembro de la misma muchedumbre». Me acomodé en los cojines y empecé a escribir.

> Título: abrir una librería en una aldea (Lucignana).
> Bastarían cinco euros por cada amigo de Facebook para cumplir un sueño: transmitir la pasión por la lectura a un pueblo pequeño que ni siquiera tiene escuela. Hacer lo que hizo Juliette Binoche con el chocolate y el chili. Montar en Lucignana, a pocos kilómetros de Garfagnana, una pequeña librería que abra seis meses al año; una casita de madera donde niños y adultos puedan elegir su propio libro y encariñarse con ese lugar mágico con vistas a las puestas de sol de los Alpes Apuanos.

El texto iba seguido del IBAN y varias indicaciones prácticas. Objetivo: siete mil euros. Eran alrededor de las seis de la mañana cuando empezaron a caer, como en una máquina tragaperras, las primeras donaciones. Al poco superamos la cifra requerida. Solo en Facebook contribuyeron ciento setenta y cinco personas. También había gente que me paraba por la calle y me metía veinte euros en el bolsillo o que me enviaba por correo un sobre con dinero. Y transferencias directas. Conseguí unos diez mil euros gracias a un truquito inventado por papá Walt. *Crowd* es una palabra maravillosa.

Soy inmenso, contengo multitudes.

El 13 de abril llega la hermosa donación de una señora con nombre y apellido angloamericanos. Me escribe por Facebook: «My father was born in 1913 and remained in Lucignana until 1930. Your nonna maybe remembers him... Enrico Panicali».

Aun antes de nacer, la librería estaba en todas partes. Había empezado a desplegar su magia cuando todavía era solo una loma escarpada con algunos cogollos de lechugas y dos palos oxidados unidos por un alambre para tender la ropa.

Pedidos de hoy: *L'istante largo*, de Sara Fruner; *Senti che vento*, de Eleonora Sottili; *Sorelle*, de Ada Negri; *Apprendista di felicità*, de Pia Pera; *Ordesa*, de Manuel Vilas.

7 de febrero

La predicción del tiempo para hoy es de lluvia todo el día, así que no abriremos. Ayer bastó un rayo de sol para que vinieran personas de Florencia, Pistoia y Pisa. Una chica llegó como avanzadilla de sus amigas con la idea de volver otro día con ellas. ¿Quién es el lector o, mejor dicho, la lectora típica de la librería Sopra La Penna? En primer lugar, una lectora fuerte, de entre catorce y setenta y cinco años, si bien la franja más representativa es la que va de los treinta a los cincuenta. También hay niños, con ellos es más sencillo: pop-ups, ranas, gatitos, piratas y bailarinas. Lo más difícil es encontrar un libro para los varones adolescentes. Algo que capte su atención. Obviamente, lo intentamos con *Los viajes de Gulliver, Colmillo blanco, David Copperfield, La isla del tesoro, Veinte mil leguas de viaje submarino...*, pero la mayoría de las veces no los convencen. Quizá deberíamos probar con Stephen King. No es mala idea. *Misery,* por ejemplo.

Las visitantes de ayer eran ideales. Compraron *Caminar,* de Thoreau; *Entre actos*, de Virginia Woolf; *A note of explanation. A Little Tale of Secrets and Enchantment from Queen Mary's Dolls' House*, de Vita Sackville-West; *Orgullo y prejuicio*, de Jane Austen, y *El libro de los Baltimore,* de Jöel Dicker.

Había una vez una reina que tenía una casa de muñecas. Una casa de muñecas tan maravillosa que la gente acudía de todas partes para verla.

Eso contaba Vita Sackville-West de aquella increíble casita de muñecas que la reina María mandó construir en 1924, una miniatura que tenía de todo: cañerías que funcionaban, desagües en los baños, botellitas con licores de verdad, libros de Conan Doyle, Thomas Hardy y W. Somerset Maugham, e incluso un jardín secreto. Vita escribió a mano la historia de la casa de muñecas, en hojas de un centímetro, y su cuento permaneció inédito en la minilibrería hasta 2016, cuando la Royal Collection Trust decidió publicarlo con la aprobación de la reina Isabel. Un gran cuento de hadas con tintes de novela negra contenido en un pequeño espacio.

Aquí no hay reinas, pero pasa lo mismo. En otoño, cuando las hojas del ciruelo cayeron ante la entrada de la cabaña, me pareció vivir en un cuento de hadas. Eso me hizo feliz. Al nacer Laura, añadí una página al cuento. Ahí es nada.

En Lucignana no hay reinas, pero sí hadas, y muchas. Antes que nada, como dice mi amiga Anna D'Elia, para llegar aquí hay que cruzar el bosque de Brocéliande. Claro que, para ella, acostumbrada a traducir los espesos bosques de palabras de Antoine Volodine, eso es pan comido.

Las hadas, que viven más allá del bosque, saben que la librería les pertenece. *Crowd.*

Entre las más simpáticas está mi prima Fabiola. Vive a un kilómetro del pueblo, es bajita y regordeta, y parece ser de una manera, pero es de otra. Parece: tímida, reservada y silenciosa. Su abuela Egre era una sargenta. Se había casado con un hombre apacible, mi tío Rodolfo, que murió joven, consciente quizá de que era mejor quitarse de en medio lo antes posible. Maria Pia, su hija, la madre de Fabiola, fue una figura de transición: decidida pero mucho más blanda que su madre.

En la época del instituto, mi prima solía ir a mi casa para que mi primer novio, que era arquitecto, la ayudara con los deberes. Llegaba con su libreta de matemáticas y se quedaba todo el rato de pie junto a la puerta, mirando al suelo, callada, mientras él le explicaba los problemas. Más tarde se casó con Antonio, natural de Filecchio, un hombre de dos metros y pelo largo entregado a las innovaciones campestres. Un día plantó veinte espejos en el campo de detrás de su casa porque, según él, la reverberación del sol favorecía el crecimiento de las patatas. En definitiva, una pareja perfecta. Ella preocupándose por todo y él por nada, ella perfeccionista y él con su melena larga y rizada que trata de domar con una goma para el pelo. A su hija la llamaron Andrea. Una noche en que discutíamos acerca del matrimonio y la homosexualidad, Fabiola soltó que estaba totalmente de acuerdo con que las parejas del mismo sexo tuvieran hijos.

No hay duda de que Fabiola es una de las tres hadas de *La bella durmiente.* Aplastadas por el poder de Maléfica, se agitan asustadas y confundidas, pero al final acaban saliéndose con la suya y se convierten en las protagonistas de la historia.

Lo más bonito que le he visto hacer es llorar. Basta con recordarle a un amigo que vive solo, una anécdota de la infancia, a una persona que está pasándolo mal, y rompe a llorar. Fabiola es un hada consagrada al bien de la humanidad.

Pedidos de hoy: *Llámame por tu nombre*, de André Aciman; *Claude Monet à Giverny: Un maître et son jardin*, de Jeanne-Pierre Gilson y Dominique Lobstein; *The Genus Rosa*, de Ellen Willmott; *Le bonheur: Essai sur la joie*, de Robert Misrahi; *A sangre fría*, de Truman Capote, y *Diario dello smarrimento*, de Andrea Consoli.

8 de febrero

El *crowdfunding* más emocionante fue el segundo, el de después del incendio. Había que reconstruir la parte quemada de la librería, comprar libros, lámparas, tazas y tacitas, y rehacer la instalación eléctrica.

Soy totalmente autodidacta en el uso de las redes sociales. Siempre me ha guiado la intuición. Tras el incendio, me escribió Luca, un amigo de Facebook, para decirme que podía recaudar los fondos en GoFundMe, que, como supe después, es una de las plataformas más importantes para la recaudación de dinero destinado a causas humanitarias.

A pesar de que necesitábamos el triple, lanzamos una petición de ocho mil euros. En poco tiempo conseguimos 8.422 euros.

Un buen día, alguien me dijo: «¡Sales en la página principal de GoFundMe! ¡Es increíble! Pero ¿cómo lo has hecho?».

No había hecho nada y ni siquiera sabía que eso de salir en la página principal fuera tan importante. Después lo entendí. Solo puedo dar las gracias. Gracias y más gracias.

También recabé muchos fondos fuera del ámbito de la red. Aparte de la de Tessa, hubo donaciones muy considerables de empresarios, solicitadas por Graziano.

Pedí a muchos editores que me regalaran diez libros para volver a empezar. Todos lo hicieron, excepto dos. Por lo visto, tenían preocupaciones más acuciantes que la de salvar una desconocida librería en una colina. Los comprendo: la pandemia de la COVID había empezado.

El 3 de marzo, el nuevo suplemento semanal *Buone notizie* del *Corriere della Sera* nos dedicó la portada y un artículo de tres páginas. Mi foto empujando un carrito lleno de libros por la Via Piana, con la ayuda de Kiko, ocupaba la primera página.

El 9 de marzo, el presidente del Consejo de Ministros, Giuseppe Conte, decreta el *lockdown* («confinamiento»): cierre de tiendas, fábricas y colegios, y prohibición de entrar y salir del término municipal. Existe una palabra en italiano para *lockdown*, pero había que encontrar un vocablo que resultara inmediatamente comprensible para todos.

Necesitábamos una palabra enorme para aceptar que el desfile de ataúdes que salía del hospital de Bérgamo formara parte de nuestra vida.

En Lucignana, el aislamiento se convirtió en un modo de volver a la infancia, de ser feliz con cuatro cosas.

Tomar un té con Donatella y Tiziana devino una costumbre, y también pintar y decorar muebles, sillas, banquitos y mesitas en el jardín mientras Kiko todavía estaba, como lo retrató la portada del *Corriere della Sera*.

El herrero me hizo un regalo maravilloso: confeccionó dos cancelas de hierro forjado, verdes, de ese verde provenzal que tanto nos gusta a Valeria y a mí, y de perfecto estilo romántico. Eran incluso más bonitas que las que yo le enviaba a Valeria de madrugada mientras navegaba por Pinterest. Giovanni había reconstruido la pared y las estanterías. En abril ya estábamos listos. Pero seguíamos confinados. Había que esperar.

Mientras tanto, Pierpaolo y yo hacíamos planes. La donación de Tessa nos lo permitía. Rondábamos una casa de tres plantas con sótanos que da a la librería y al jardín. Deshabitada desde siempre, solo recuerdo haber visto en ella a Romeo, un hombretón alto e imponente que se sentaba en el umbral con un delantal a la cintura y una tina entre las piernas. Hacía figuritas de yeso, de esas que los emigrantes italianos vendían en las calles de Manhattan.

Romeo era el padre de Mary y el marido de Teresina, la modista en cuyo taller aprendió el oficio mi madre. A Romeo me lo imagino como un dios pagano que presidía la entrada del pueblo. La casa está en el cruce de la Via della Chiesa, que baja hacia el casco urbano, y el Vicolo Sopra la Penna, que sube a Castello.

En definitiva, después de darle muchas vueltas, la compramos. Nos la imaginamos transformada en una librería con cafetería, con un pisito para nosotros y otro para hospedar a escritores, traductores y amigos y amigas de la librería.

Pedidos de hoy: *Nosotros en la noche*, de Kent Haruf; *Little*, de Edward Carey; *Las sombras de Longbourn*, de Jo Becker; *Calma*, de Tim Parks, y *Cactus. Meditazioni, satire, scherzi*, de Alfonso Berardinelli.

9 de febrero

Llueve. Se prevé una bajada de las temperaturas y nieve. Son las 7.30 y escribo en el cuarto de la última planta, que antaño fue un desván lleno de trastos, fruto de la cultura del «nunca se sabe, guardémoslo por si acaso».

La reforma de la casa donde vivo supuso una verdadera conmoción. Mi madre estaba en Florencia, sin saber que empezaban las obras. Obras que cambiarían por completo la configuración de la vivienda que habíamos heredado de las tías Polda y Feny. Cuando mi sobrina Vania y yo vaciamos el desván, encontramos bolsas llenas de botones, cordones, cremalleras y tapones. Fue conmovedor: era un mundo que desaparecía. Mi madre tiene ahora ciento un años y diez meses y se empeña en lavar las servilletas de papel, el papel absorbente y los pañales. Se deshacen, pero como se ha quedado casi ciega no se entera.

Así que donde antes hubo un siglo de sufrimiento, ahora estamos mi Mac y yo, y una bonita terraza desde donde se ve Prato Fiorito.

Es mi reino nocturno. A menudo pienso en Alberto Manguel y en el granero de su casa en el sur del Loira convertido en biblioteca, en sus noches pasadas merodeando entre los treinta y cinco mil libros que posee, en el granero que suspende su realidad terrena para convertirse en un objeto luminoso que vaga en nuestra noche de lectores. La imagen me llega directamente de su libro *La biblioteca de noche*.

Alberto es un faro. Gracias a él he descubierto a Edwidge Danticat, Annie Proulx, Helen Gardner, Rose Tremain... Alberto fue el lector de Borges, es decir, aquel que a los diecinueve años se encontró leyendo para el mito viviente, ya ciego, los libros que este quería leer. Todo eso lo cuenta en un libro breve, *Con Borges*, que quiero comprar para la librería. Tengo que escribirle y preguntarle qué está leyendo; mis lectores se beneficiarán de ello.

Dentro de poco llegará Alessandra, la chica que me ayuda con mi madre por las mañanas. Sin ella estaría perdida. Los conflictos con mi madre, la imposibilidad de que yo sienta su amor y ella el mío, tienen raíces profundas. Incomprensibles pero arraigadas.

Alessandra tuvo una infancia difícil, infeliz también a su manera. Pero en un momento determinado se casó con Claudio, el más codiciado del pueblo, y nos dejó a todos boquiabiertos. Hacen buena pareja: ella con sus palabrotas, sus ristras de «cagüen» y sus viñetas eróticas de mal gusto, que manda al grupo de WhatsApp de las chicas de oro de la aldea; él, alto, rubio y tan bien educado que ni siquiera suelta un «mierda». Salvaron la librería del incendio aquella mañana del 30 de enero del año pasado. Durante las vacaciones de verano en la isla del Giglio, Alessandra incluso leyó un libro, quizá el primero de su vida. Claudio estaba tan pasmado que, para inmortalizar el momento, le hizo una foto y nos la envió.

Pedidos de hoy: *La apariencia de las cosas*, de Elizabeth Brundage; *Mi propia historia,* de Emmeline Pankhurst; *Miss Austen*, de Gill Hornby; *Lolly Willowes o el amante cazador*, de Sylvia Townsend Warner; *Last Things*, de Jenny Offill; *Penélope y las doce criadas*, de Margaret Atwood, y *El mensaje de las rosas*, de Serdar Özkan.

10 de febrero

Llueve sin parar, el jardín se convertirá en un pantano. Sufro. Tengo que llamar al jardinero para saber cuándo brotarán la hierba, las peonías y las rosas, y cuándo se podan el melocotonero y el ciruelo, de lo cual se ocupará Fabio, mi sobrino. El sábado y el domingo se prevén soleados. Crucemos los dedos.

Hay una sección de la librería a la que tengo un cariño especial. Es la de las biografías. Digamos que entre Proust y Sainte-

Beuve siempre he estado del lado de Sainte-Beuve. Quien escribe no hace ejercicios matemáticos, sino que rasca grumos, obsesiones, zonas de inexistencia.

¿Por qué Cesare Garboli estaba obsesionado con Pascoli si el poeta no le gustaba? Porque intuía un secreto oculto entre líneas y quería descubrirlo; porque de ahí nacía la poesía de Pascoli. El secreto tenía nombre: Ida, su golondrina. Cuando Ida, su hermana menor, se casa, a él se le cae el mundo encima. Se encierra en casa, no asiste a la boda. Enfurecido, escribe cartas repletas de resentimiento: Ida ha destruido el nido que él había reconstruido con tanto esfuerzo. ¿Cómo no darse cuenta de que eso tiene algo que ver con los *Cantos de Castelvecchio*?

Al igual que Giovanni Pascoli, en un momento determinado Cesare Garboli abandona Roma y se muda a la casa familiar de Vado, cerca de Camaiore. Morirá el 11 de abril de 2004, domingo de Pascua. Giovanni Pascoli había muerto un sábado víspera de Pascua, el 6 de abril de 1912. De este enredo de historias rabdománticas nacen *Le trenta poesie famigliari di Giovanni Pascoli*, la obra maestra de Cesare Garboli.

Todas estábamos enamoradas de Cesare: Marinella, que trabajaba en el archivo de Castelvecchio; Andrea, que entonces era presidenta de la Administración Provincial y le encargaba trabajos importantes, arriesgándose a que los luqueses la lincharan, y Sabrina, mi mejor amiga y colaboradora en los buenos tiempos.

«Tengo que llamar a Garboli porque quieren invitarlo a un acto al que no querrá asistir. Haré una cosa: lo llamaré y fingiré ser otra persona».

Sabrina lo llama e imposta la voz.

«Hola, profesor, llamo del teatro Politeama. Nos gustaría que diera una conferencia sobre Molière...».

«Mira, Sabrina, estoy muy ocupado...».

Un día de verano que fui a verlo a su casa de Viareggio me mandó a comprar seis botellas de agua. Detrás de la casa, al fondo, se entreveían las carrozas de carnaval, con la figura de Berlusconi oscilando en el aire de junio. Parecía todo calculado, la literatura estaba muriendo.

Entre las biografías nunca faltan libros sobre Emily Dickinson, Sabina Spielrein, Jane Austen, Vivian Maier, Daphne du Maurier, Emily y Charlotte Brönte, Virginia Woolf, Vita Sackville-West, Colette, Zelda y Scott Fitzgerald, Wisława Szymborska, Frida Kahlo y las hermanas Mitford.

Esta noche he estado leyendo *El bastón de Virginia*, de Laurent Sagalovitsch. Es extraño, nunca quise saber nada de los últimos días de Virginia. No deseaba conocer los detalles de su muerte. El 28 de marzo de 1941, sobre la hora de comer, Leonard llega a la orilla del Ouse y ve el bastón de Virginia. Ella se había hundido. Yacía en el fondo del río, en posición horizontal, con los bolsillos llenos de piedras. Antes de entrar en el agua había plantado su bastón en la orilla. Erecto. Como queriendo decir: «Yo no puedo seguir, pero hacedlo vosotros». Y nosotros lo intentamos.

Pedidos de hoy: *Bendición*, *Al final de la tarde* y *La canción de la llanura*, de Kent Haruf; *Desperately Seeking Frida*, de Ian Castello-Cortes; *Dos vidas*, de Emanuele Trevi, y *Nehmt mich bitte mit*, de Katharina von Arx.

11 de febrero

El 11 de febrero es un día de luto. En el número 23 de Fitzroy Road, en Londres, poco antes del amanecer del 11 de febrero de 1963, Sylvia Plath abre la ventana de la habitación de los niños, sella las ventanas de la cocina y mete la cabeza en el horno. El 11 de febrero de 1996, en Roma, en la Via del Corallo, donde vivía desde hacía veinte años, Amelia Rosselli se tira por el balcón de la quinta planta. Las dos lo habían pensado y escrito en repetidas ocasiones. Amelia había traducido los poemas de Sylvia Plath. Sylvia tenía treinta y un años; Amelia, sesenta y seis. Virginia tenía cincuenta y nueve. Quien se queda acaba obsesionándose con los números, como si fueran mensajes en clave que el destino ha metido en una botella para que los descifremos.

En Nueva York encontré un ejemplar de *La campana de cristal*, de Sylvia Plath, la única novela que escribió con el seudónimo de Victoria Lucas, en uno de los puestos de libros antiguos y de ocasión que hay alrededor de Central Park. Lo coloqué en la librería, al lado de otros dos que compré en el mismo sitio. Juntos formaban un trío de ases que me resultaba muy protector. Puse *La campana de cristal* entre *El año del pensamiento mágico*, de Joan Didion, y *La puerta*, de Magda Szabó, traducido al inglés por Ali Smith. Encontrar tres de mis libros de culto en el mismo lugar me hizo pensar en el ineludible trayecto de amor que está escrito en nuestras vidas. Más tarde, todo se quemó; fue muy triste. Pero no perdimos de vista el bastón de Virginia. En pie, contra viento y marea.

Hoy ha salido el sol y ha iluminado la oscuridad de este día. Con el sol ha llegado Donatella, temprano, porque quería asegurarse de que aún no hubiera tomado el café con leche. Su sonrisa y su energía ligera son un buen antídoto contra los aniversarios tristes.

Hoy también llegan de Florencia Pierpaolo y Giulia. Han organizado un evento: leeré algunos poemas de Roberto Carifi, de la antología *Amorosa sempre.* Roberto, que sufrió un ictus hace quince años, vive en Pistoia, en una casa que ha convertido en un templo budista. El mundillo de la poesía cree que solo existen el algebraico Valerio Magrelli y el esotérico Milo de Angelis. Sin embargo, también existe el trágico Roberto Carifi. Como librera, trato de corregir las injusticias de los pequeños capitostes editoriales mediante estanterías alternativas y escaparates subversivos. Gestos pequeños pero duraderos.

Las cosas no olvidan,
tienen demasiada memoria.

Tras la muerte de Virginia, su esposo, Leonard Woolf, empezó a llevarse a escondidas en una bolsa las biblias que encontraba en las casas de sus amigos. Cuando llegaba a su hogar, las arrojaba al fuego. Había rezado tanto que había perdido la fe. Qué satisfacción hurtar los libros que alteran la percepción de los valores y lanzarlos a la chimenea. Lo sé, es algo que no hay que hacer. Sin embargo, quisiera reivindicarlo como una compensación simbólica, un gesto irreverente propio de una gamberra como Pippi Calzaslargas.

Pedidos de hoy: *Il postale*, de Vincenzo Pardini; *Las fuentes del afecto*, de Maeve Brennan; *Los años*, de Virginia Woolf; *Genio y tinta,* de Virginia Woolf; *The Dark Traveller*, de Josephine Johnson, y *Nessuno può fermarmi*, de Caterina Soffici.

12 de febrero

La lectura de los poemas de Carifi no fue muy bien. Decidimos hacerla al aire libre y se oía muy mal. Además del ruido de fondo del campo, repleto de vibraciones de todo tipo, había tractores que pasaban y motosierras que serraban. En la ciudad habrían sido ambulancias y tranvías. Es lo que hay. Hemos decidido que la próxima lectura se hará dentro de la librería. Para consolarnos, subimos a casa a tomar un té.

El té es un alto fundamental en la visita a la librería: caliente en invierno y frío en verano. En invierno preparamos uno producido en España con sabores muy variados. Se empieza por la base: té verde, negro, rojo y blanco; luego se elige entre vainilla, bergamota, ginseng, mango, lima, cúrcuma, jengibre, canela, mandarina, miel y limón.

Los envases de estos tés tienen un aire mexicano, con colores intensos y bien combinados. Los llamamos «el té de Frida Kahlo».

Muy diferente es la presentación del que procede de Kent. *English tea in English box.* Son cajas para coleccionar, con el retrato impreso de un escritor o una escritora: Jane Austen en la del té negro chino con pétalos de rosa; Charlotte Brontë en la del té verde chino con jazmín; *Alicia en el país de las maravillas* en la de una mezcla de frutas: trocitos de manzana, hibisco, bayas de sambuca, rosa canina, piña y mucha fresa. Mención especial merecen el té de Mary Shelley, mezcla de té negro de Sri Lanka y violetas, y el de *Mujercitas*, inspirado en la tarta Red Velvet, a base de té negro mezclado con vainilla y chocolate.

Y, naturalmente, donde hay un buen té no puede faltar una buena mermelada, y aquí damos lo mejor de nosotras mismas. Todo se debe a una mujer fascinante que parece salida de una película de Bernardo Bertolucci. Se llama Anna y es violoncelista de la orquesta del Maggio Musicale Fiorentino desde 1983. A Anna le encanta la cocina. Usa dos apellidos diferentes: uno para tocar y otro para cocinar. Sus ojos grises revelan una belleza atemporal. No sé qué tienen sus manos, qué magia las guía a hacer lo que hace. Le ha puesto un nombre a su pasión: «Música nueva en la cocina». A ella le van como anillo al dedo las palabras de Colette:

> La cocina, la verdadera cocina, está hecha por quien prueba, saborea, sueña un instante, añade un chorrito de aceite, una pizca de sal y una hoja de tomillo; por quien pesa sin balanza, mide el tiempo sin reloj, vigila el asado con los ojos del alma y mezcla los huevos, la mantequilla y la harina según su inspiración, como una bruja benévola.

Juntas hemos inventado las mermeladas literarias. He estudiado, investigado y olfateado los gustos de los escritores y las escritoras y de sus personajes, y Anna ha añadido la fantasía. Ha creado la mermelada de Virginia Woolf con naranja amarga y whisky; la de Jane Austen con manzana, lima y canela; la de Colette con ciruela y anís estrellado; la dedicada a Dino y Sibilla con peras *volpine* —recogidas de un árbol secular de la Villa di Bivigliano, cerca de Marradi, donde nació Dino Campana—, cocidas en vino tinto especiado. Pequeñas obras de arte muy apreciadas por nuestras clientas. Muchas personas le han pedido que exporte sus mermeladas literarias, pero no hay nada que hacer: estamos de acuerdo en que solo se encuentren en nuestra librería.

Pedidos de hoy: *Otoño*, de Ali Smith; *Elizabeth y su jardín alemán*, de Elizabeth von Arnim; *El libro de cocina de Alice B. Toklas*, de Alice B. Toklas; *The Green Wiccan Spell Book,* de Silja, e *Il gioco*, de Carlo D'Amicis.

13 de febrero

Ayer, al poco de escribir sobre ella, Anna me llamó por teléfono. No hablamos a menudo, así que me pareció una de esas coincidencias cargadas de señales. Me contó que había encontrado unas naranjas amargas especiales y me habló de unas manzanas muy pequeñas. Las mermeladas de Virginia y de Jane están en fase de aterrizaje.

Después de comer ha llegado Noemi, que me ha anunciado que está embarazada. Lo había sabido unas horas antes por Alessandra.

Noemi tiene veintitrés años y lleva seis con Valerio. Es mi sobrina. El árbol genealógico de mi familia merecería todo un gráfico; en el pueblo tampoco lo tienen muy claro.

Mi hermano y yo nos llevamos diecinueve años. Él se casó cuando cumplí seis. De su matrimonio nacieron Vania y Debora, mis sobrinas, pero también mis hermanas, dado el poco tiempo que nos llevamos. Vania tuvo tres hijos: Fabio, David y Noemi. Debora una sola: Rebecca. Hoy en día, Fabio ya es padre de Diego, que tiene un año. Contando a mi madre, son cinco generaciones.

Reconforta ver que Lucignana crece. El año pasado, además de Diego, nació Samuele, que el 30 de enero estaba en el vientre de Elisa mientras ella quitaba el hollín de los libros. Y luego un poco mayor que ellos está Maicol (sí, tal cual, no es una errata).

El ayuntamiento va a construir un parque infantil. El problema es que el único espacio disponible se encuentra al lado del (feo) monumento a los caídos. Así que, como suele ocurrir, el pueblo está dividido: un setenta por ciento a favor del parque y un treinta en contra. Sintiendo cargo de conciencia, llamé a mi amigo Bernardo, abad de San Miniato al Monte, que me dijo que no veía cuál era el problema; y aún más: que el hecho de que los niños jugaran al lado de una (fea) estela en honor de los caídos es un bonito mensaje de paz. Pero Lucignana es así, siempre hay un treinta por ciento contra un setenta. Con la librería ocurre lo mismo. Algunos no la soportan. Qué le vamos a hacer. Poco después de la apertura, alguien se tomó la molestia de lanzar las macetas por la loma que nosotros llamamos Il Poggione. Después no pasó nada más, excepto el incendio.

Esta noche ha nevado: tres centímetros de maravillosa nieve cubren todas las cosas, las carreteras son transitables y se prevé un día soleado. Hoy estamos en alerta amarilla y espero ver a muchas personas en la librería. Mañana, en cambio, pasaremos a alerta naranja, así que podremos relajarnos y leer un libro.

He encargado todos los títulos de Fannie Flagg, autora de *Tomates verdes fritos*. Me han encantado las cubiertas de estilo campiña romántica. En mi opinión, es la versión ligera de Kent Haruf. Él inventó Holt, en Colorado; ella, Elmwood Springs, en Missouri. Aunque son ficticias, ahora también son reales con independencia de los mapas. Realidades absolutamente normales en ambos casos, envueltas en el silencio de pocos gestos en el caso de Holt y más ruidosas en el de Elmwood Springs. Pueblos con sus problemas. Con su treinta por ciento con el que lidiar.

Hace unas horas, en plena noche, he tratado de resolver un problema: vamos a dejar de recibir los exquisitos tés que nos llegan de Kent. Julie me escribe un correo desconsolado en el que explica que los aduaneros italianos se niegan a dejar entrar el té y que en el International Exchange Centre destruyen todos sus paquetes.

Qué tragedia. Se acabó el té de Alicia, de Jane Austen, de Mary Shelley...; en la aduana lo destruyen todo debido al Brexit. Italia no importa té de Inglaterra. Suerte que tengo a Mike.

En esta época del año está en Brighton. Le envío un wasap a las 3.01 y responde enseguida. Me cuenta que se ha puesto la vacuna y que están en pleno confinamiento. Le hablo de los tés literarios y me dice que en cuanto pueda vendrá a Italia en coche y me los traerá. Un amigo suyo vive cerca de donde los producen, y cuando le sea posible, irá a cenar con él y aprovechará para hacerse con el té. Adoro a Mike y su visión del mundo, la copa y el Aperol que asoman de su mochila.

Pedidos de hoy: *La mujer oculta*, de Colette; *Lejos de Ghana*, de Taiye Selasi; *Aún no se lo he dicho a mi jardín*, de Pia Pera; *El día que Selma soñó con un okapi*, de Mariana Leky.

14 de febrero

Ayer no pude resistirme y al amanecer salí a hacer fotos de la librería, de sus lucecitas, que brillaban en la semioscuridad. La estampa era preciosa: una capa de nieve había cubierto con blancos manteles las mesas redondas y decorado los ciclámenes con espumillón luminoso. Encendí todas las luces del interior justo a tiempo para oír cuchichear a las hadas antes de que se volatilizaran. Merodeé entre las mesas, calzada con mis suaves y peludas pantuflas, buscando los rincones más encantadores para inmortalizarlos.

Donatella y yo abrimos esta mañana, pero la gente fue después de comer, cuando la nieve se había derretido. Qué lástima. Durante el día ha llegado otra buena noticia: ha aparecido Fabio con Diego, una de las caritas más pilluelas que he visto, para hacer oficial que él y Federica esperan otro hijo, o hija. Lo excepcional es que Federica y Noemi están perfectamente sincronizadas: las dos embarazadas de tres meses, darán a luz presumiblemente a finales de agosto. Los lectores aumentan de forma vertiginosa. Es gracioso, he pensado, estos niños no sabrán lo que es el mundo sin una librería, y cuánta locura hace falta para montar una en un pueblecito de ciento ochenta habitantes perdido entre las colinas. Y yo seré la tía librera.

Hoy estamos en alerta naranja, nos espera un San Valentín hogareño. El viento se ha pasado toda la noche bramando y sin duda habrá causado algún destrozo. La temperatura ha bajado en picado. El Surricchiana, el torrente que fluye hacia el valle, y el viento han creado música como un dúo de arcos de violín y contrabajo. A saber el miedo que habrán pasado los cervatos y los corzos.

Entretanto, continúan sin pausa las negociaciones con Natalie para los calcetines con frases de Jane Austen, Emily Dickinson y *Alicia en el país de las maravillas*. Le propongo, me da a entender que está de acuerdo y luego se esfuma por la línea recta que une Lucignana con Tel Aviv. Pero no me doy por vencida. Tendré esos calcetines.

Pedidos de hoy: *Bienvenida a este mundo, pequeña* y *Standing in the Rainbow*, de Fannie Flagg; *L'istante largo*, de Sara Fruner; *Nehmt mich bitte mit*, de Katharina von Arx, y *Dos vidas*, de Emanuele Trevi.

15 de febrero

Ayer llegaron a la librería dos chicas de Tereglio, un pueblo cercano. Una de ellas a pie: cuatro kilómetros de subidas y bajadas. La otra me pidió opinión sobre varias escritoras italianas, en concreto, Valeria Parrella, Teresa Ciabatti y Nadia Terranova.

Tereglio es el pueblo que siento más cercano a Lucignana. Cuenta mi madre que de joven iba a bailar a Tereglio, y mi tía Poldina solía ir a pie a llevar mantequilla.

Massimo y Giovanna, una pareja de Lucca, se enamoraron de Tereglio hace unos años. Él dejó de ejercer la abogacía, compraron y rehabilitaron casas y abrieron una fonda. Hoy en día está lleno de gente que me gusta, personas que buscan un entorno tranquilo para sus lecturas. Una tarde, en la plaza de Lucignana, Giovanna me contó que hacía treinta años que había dejado la ciudad y que nunca se había arrepentido. Ni siquiera ahora, que Massimo ha fallecido. Giovanna tiene los ojos enormes y azules y es un verdadero encanto.

Me gusta Tereglio. Es un pueblo que se alza sobre una cresta, con dos hileras de casas y una única carretera que sube y baja como las montañas rusas. Si Lucignana y Tereglio se aliaran, ambos saldrían ganando. De momento, deberíamos recuperar el sendero que mi tía recorría cuando llevaba la mantequilla, que desemboca justo delante de la Locanda La Fagiana: abrirnos paso entre la maleza del bosque, que empieza detrás de la casa de Barbara de Maurizio, bajar hacia el Surricchiana, arreglar el puentecito de madera que lo cruza y subir a Tereglio. Giovanna propone una acción popular a golpe de machete. Existen subvenciones regionales, pero entre unas cosas y otras nunca se convierten en realidad, en vida verdadera, adoquinado, sendero, vereda, cañada, camino de herradura, paso. Las subvenciones regionales no se convierten en nada.

Tiempo después llegó una familia de Filicaia, un pueblecito de la alta Garfagnana. Todos sus miembros leen: el padre, la madre, la hija de once años y el hijo de siete. Discutieron durante una hora acerca de qué libro regalarle a la madre por San Valentín; entretanto, ella disfrutaba del sol y de la brisa fresca en el jardín. Al final eligieron *La apariencia de las cosas*, de Elizabeth Brundage. Ella se compró *Gli anni al contrario*, de Nadia Terranova.

Rematamos la tarde con un buen té de rosas, galletas con forma de corazón hechas por Donatella y *frittelle* de Tiziana. La pandemia nos regala, a su pesar, nuevas costumbres. Nos regala un tiempo de domingo sin deberes ni tareas. Un tiempo dedicado a nosotros mismos.

Ayer también fue un buen día para mi madre. Irma, nuestra vecina, le había puesto los rulos y, bien peinada y con las gafas de sol que le regalé el año pasado, tenía muy buen aspecto. Pasa las tardes con Ernesto, otro vecino.

Ernesto es un florentino que se mudó a Lucignana por una serie de complicados motivos que pasan por otras tantas complicadas relaciones con el universo femenino. Tiene unos setenta y cinco años, una pensión mísera, una casa sin calefacción y un corazón que no le cabe en el pecho. Adora a mi madre y pasa todas las tardes, repito: todas, a su lado en el sofá. Se dan la mano, ella le confía sus miedos y le entrega sus recuerdos y él la atormenta hablándole del gobierno de Draghi o del último episodio de *De buena ley*.

Por las tardes, mi madre suele sufrir ataques de pánico a los que llama «miedo a dejarte sola» (a mí), «dolor de estómago» o «un dolor dentro». Se le pasa con diez gotas de ansiolítico. Ayer, mientras apoyaba dulcemente la cabeza en el hombro de Ernesto, la oí decir algo a propósito de *El conde de Montecristo*, un libro que leyó hace muchos años. Mi madre, que solo tiene la educación básica, leyendo a Dumas... Todo está en mi ADN.

Ella también pasó mucho tiempo con las sombras. A los veinte años se casó con Marino, que era hermano de Egre, la abuela de Fabiola. Enseguida se quedó embarazada. Corría el año 1942. Marino volvió del frente para conocer al pequeño Giuliano, pero estaba abatido y nervioso. Habría preferido una niña porque las hembras no van a la guerra. Se marchó para luchar en la campaña rusa. Nadie le comunicó a mi madre que había muerto. ¿Cómo iban a contar a los miles de muertos esparcidos en otros tantos kilómetros de nieve? Los llamaron los «desaparecidos».

Pero «desaparecido» deja una puerta abierta. Alguien que volvió de Rusia le contó a mi madre que lo había visto vivo, pero en condiciones incompatibles con la supervivencia. Mi hermano creció con su madre y muchas tías, pero sin padre. Ahora es un pedazo de abuelo, pero cuando colocaron la (feísima) estela en recuerdo de los caídos se desmayó. Una noche, tendría unos tres años, puso una silla delante de la ventana, se subió a ella, apoyó el dedito en el cristal y, señalando fuera, exclamó: «¡Mira, mamá, ahí está papá!».

Pedidos de hoy: *Locura*, de Patrick McGrath; *La infancia de los dictadores*, de Véronique Chalmet; *La mujer de papel*, de Rabih Alameddine; *Quédate conmigo*, de Ayòbámi Adébáyò, y *La reina de las ranas no puede mojarse los pies*, de David Calì y Marco Somà.

16 de febrero

A menudo me hago preguntas acerca de este rincón del noroeste de la Toscana donde papá se pronuncia «pappà», el viento «muge» y a los remolones se les llama «juguetones». Me pregunto: ¿qué sentimiento animaba aquel 8 de septiembre de 1943 a los habitantes de Lucignana que subieron a la loma de Canovaglio a encender una hoguera para mortificar a quienes, a diferencia de ellos, se habían afiliado al partido fascista? ¿Quiénes son los antepasados de mis paisanos? Sí, todos los ancianos eran antifascistas: el Ghilardi, el Pisani, el Picchi, el Ciribeo... Y mi tía Polda. Cuenta papá que cuando los fascistas llegaban de Coreglia y desfilaban en este pueblo maldito donde ni siquiera había un afiliado, ella los seguía contoneándose y, haciendo un corte de mangas, gritaba: «¡Firmes!». Por no mencionar a Bruno Stefani, un chico de treinta años que se ocultó en las montañas y al que los nazis mataron delante de su madre, en la Via della Chiesa. ¿Qué llevaban todos ellos en la sangre?

Sé, como se saben las cosas secretas, que nosotros y los de Florencia no somos de la misma sangre. Al anochecer, cuando el sol se pone tras los Alpes Apuanos, sé que pertenezco a estas montañas. Ni Antigua Roma ni artesanía etrusca ni colinas de Valdarno, dulces y serenas. Esta era la tierra de los apuanos, una tribu que vivía en las montañas entre Liguria y el territorio que más tarde se llamó Lunigiana y Garfagnana. Gente orgullosa, fuerte, trabajadora, reservada y arisca. El centro era la mítica Apua, quizá la actual Pontremoli.

¿Qué los impulsó a adentrarse aún más en los salvajes Apeninos, por aquellos caminos rocosos llenos de lobos y forajidos, como diría siglos más tarde Ludovico Ariosto, que en 1522 fue gobernador de Castelnuovo in Garfagnana? Los apuanos huían para salvaguardar su independencia, huían de los romanos que, en vista de la dificultad de someterlos, habían decidido desarraigarlos. En el 180 a. C., cuarenta y siete mil apuanos fueron definitivamente deportados a la antigua región de Sannio.

Pero no todos; algunos lograron huir por las gargantas y seguro que llegaron a la Rocca Pectorita, un espolón pedregoso que asomaba a un valle soleado. Y allí alguien empezó a construir una casa muy grande, capaz de contener a multitudes. Corría el año 1000. En la zona aparecieron los longobardos. La casa se enriqueció con una iglesia. Más de un eremita se estableció en el lugar, cuyo pórtico acogía a mendigos y penitentes que peregrinaban para ver la Santa Faz, hoy conservada en la catedral de San Martino, en Lucca.

Este eremitorio, llamado Sant'Ansano y ubicado en la colina que está frente a Lucignana, ha quedado, como todo en nuestra tierra, al margen de los itinerarios turísticos. Las autoridades competentes no se han preocupado demasiado por evitarlo. Y aunque cuanto podía robarse ha sido robado, Sant'Ansano mantiene intacta su belleza.

Un camino que cruza un bosque de encinas une el pueblo con el santuario, donde todo sigue como el último eremita lo dejó: la yacija, el caldero y la mesa de castaño. Es un lugar del alma. El padre Bernardo y yo tenemos pendiente un paseo espiritual desde la librería hasta allí. Lo haremos cuando la pandemia lo permita. Entre otras cosas, Bernardo es el abad que el papa Francisco eligió hace dos años para conducir los ejercicios espirituales de Semana Santa. Suele empezar sus homilías con un poema, y así lo hizo en presencia del santo padre.

Escritores como Vincenzo Pardini, de Fabbriche di Vallico, Maurizio Maggiani, de Saravezza, y Fabio Genovesi, de Forte dei Marmi, han sabido retratar a las gentes de aquí. En el libro *Il mare dove non si tocca*, Fabio cuenta la historia de sus numerosos tíos, que aunque se nos antojen personajes de fantasía, son personas de carne y hueso. Lo tienen todo: la dificultad de adaptación, la rebelión, el anarquismo más intransigente... Somos nosotros. Fabio, por su parte, flaco y larguirucho como es, parece el último de los eremitas de Sant'Ansano. Si un día va a visitarlo, y seguro que lo hará, se enamorará perdidamente del lugar.

Se cuenta que las mujeres apuanas eran guerreras, orgullosas, fuertes y feroces como los hombres. Sin duda, el cristianismo habrá mitigado tantos excesos, pero quien tuvo retuvo: Alessandra es una guerrera pertrechada con Citroën; Tiziana está dotada de una función congénita terapéutica y antiestrés; Donatella emplea como arma sus sonrisas, únicas en el mundo; las dos Barbaras, extravertida una e introvertida la otra, son dos amazonas, y Vania es la tercera. Un ejército capitaneado por una mujer de ciento un años y diez meses, mi madre.

Pedidos de hoy: *Hopper*, de Mark Strand; *Olive Kitteridge*, de Elizabeth Strout; *Tokyo tutto l'anno*, de Laura Imai Messina; *Il libro della gioia perpetua*, de Emanuele Trevi, y *La librería*, de Penelope Fitzgerald.

17 de febrero

El frío polar ha cesado. Hoy vamos con jersey. Tengo once cajas de libros que devolver al distribuidor de Génova. Le debo demasiado dinero, y además así libero de existencias el almacén. Con la imposición del cierre, la pandemia nos ha estropeado la Navidad.

Almacén quizá sea una palabra excesiva. Hemos arreglado como buenamente hemos podido una planta de la casa deshabitada que compramos, pero el problema es que dentro hace mucho frío, las ventanas están desvencijadas y las vigas llenas de nidos de golondrinas, que tarde o temprano volverán. Como las obras, si Dios quiere. Así que me he organizado: he propuesto a los dueños de la otra casa deshabitada que hay frente a la librería que me dejen usar la sala más grande de la planta baja como almacén.

Es una casa preciosa, señorial, con una fantástica terraza de piedra. Llevo años preguntando a los tres propietarios qué quieren hacer con ella. No lo saben. Ella sigue ahí, el fantasma de la casa habitada durante los veranos de mi infancia por dos hermanas luquesas elegantísimas, Norma y Darma. Se sentaban en el murete de abajo o en el de su terraza con collares de perlas y zapatos de tacón, y tomaban el fresco que subía del Surricchiana. En cuanto comiencen las obras, trasladaremos allí el almacén.

Este continuo trasiego me suscita una duda: ¿qué haremos con esos hermosos nidos de golondrinas encajados entre las vigas de madera del techo?, ¿habrá una golondrina que llega de África sabiendo que esa es su casa?, ¿le destruiremos el nido?, ¿habrá una golondrina que, tras haber viajado unos once mil kilómetros, con un promedio de trescientos veintidós al día, haber cruzado Nigeria y Marruecos, el desierto y el estrecho de Gibraltar, y haber virado sobre los Pirineos llega a Lucignana, al Vicolo Sopra la Penna, y no encuentra su morada? Pues me he informado, y así es. Tengo que hablar con Marco, nuestro alcalde, que también fue concejal de Agricultura. Hay que encontrar la manera de acogerlas. Disponemos de un mes y medio para hacerlo.

Pedidos de hoy: *Enseñanzas sobre el amor. Una guía para alcanzar la plenitud en las relaciones humanas*, de Thích Nhất Hạnh; *English Country Houses,* de Vita Sackville-West; *Adiós fantasmas*, de Nadia Terranova; *Il mondo deve sapere*, de Michela Murgia; *La apariencia de las cosas*, de Elizabeth Brundage, y *Los viajes de Gulliver*, de Jonathan Swift.

18 de febrero

Ha nacido una historia de amor. Una noche, mientras Giulia hacía la maleta para volver a Florencia, me encuentro a mi sobrino David en la calle y lo animo a que visite a su abuela. Fabio y David son los hermanos más apuestos del pueblo, solo seguidos de cerca por el rubio Michele, el sofocador de incendios. Sin embargo, mientras que la guapura de Fabio es tranquilizadora y reconfortante, la de David es peligrosa. David tiene un encanto líquido, misterioso. Sus ojos son como fisuras que emiten vibraciones oceánicas. Si se cae en ese mar, como mínimo hay que saber nadar.

Aquella tarde, algo me guiaba en cierta dirección, como un designio a la espera de cumplirse. Y así fue. Giulia y David se miraron de refilón, indiferentes. Luego ella le pidió que la ayudara a llevar las maletas al coche. Giulia también es guapa y nada muy bien. Pelo negro ondulando sobre el trasero y cabeza erguida. Dos días después, él se mudó a su casa.

Ayer, Giulia me comunicó por teléfono que no seguirá trabajando conmigo porque quiere abrir un negocio con David. Giulia no está bien, llora sin motivo y está muy confundida. No es la Giulia que conocí en septiembre. La decisión me parece precipitada. Creo haber oído algo sobre una librería en Palma de Mallorca. No comento nada al respecto, son jóvenes y hacen bien en lanzarse rumbo a lo desconocido.

La situación de la COVID, en cambio, me preocupa mucho. La variante inglesa es potencialmente muy contagiosa, los casos y la curva de fallecidos no remiten, estamos al borde del colapso económico.

Vivir en una zona en alerta naranja a principios de primavera es un drama. Me ocuparé del jardín, pintaré el techo de cañizo de la librería y haré un sendero de piedras, porque la hierba no aguanta el tránsito continuo de pies y forma un lodo insufrible.

Donatella será la compañera ideal para esas actividades. Gracias a la librería, ha logrado sanar una herida. O eso creo. Se quedó embarazada a los cuarenta, inesperadamente. Habría sido su segunda hija. Un día me la encontré en Scimone y me dio la noticia con los ojos radiantes y felices. Pero, por desgracia, aquella niña no recibió el don de la vida y para Donatella empezó una etapa difícil. Presumo que ordenar la librería, tarea en la cual no tiene rival, también la ha ayudado a encontrar un lugar donde guardar ese recuerdo. Quizá lo haya colocado en algún estante en buena compañía, entre un libro de Kincaid y otro de Ernaux, para convertirlo en una historia que ahora puede contarse.

Donatella mueve cajas de libros como un forzudo y me riñe con severidad porque siempre llego tarde. Vive en una casa espléndida, donde antaño vivía mi tía Angè, la hermana mayor de mi madre. Desde el jardín se ve Sant'Ansano y al fondo los Apuanos, que regalan un fabuloso escenario de puestas de sol a nuestros aperitivos veraniegos.

Graziano le ha regalado una Adirondack azul cielo. Ella no quería. Según su teoría, la librería debe tener cosas únicas, y otra Adirondack no tenía cabida en el pueblo.

En su casa también vivía Dora, la hija de mi tía Angè. Como Emily Brönte, Dora murió de tuberculosis a los treinta años. Mi madre ha conservado una foto suya, naturalmente, en blanco y negro: el pelo oscuro recogido en un moño, los rasgos suaves. Escasean tanto las huellas de nuestro pasado que esa foto tiene para mí el valor de todo un árbol genealógico; las suaves curvas de los labios y la nariz son las ramificaciones parentales, los matrimonios, los hijos. En un árbol genealógico siempre hay alguien que acaba en la nada: no se casa, no tiene herederos... Dora habría acabado en la nada sin esa foto que en cambio le otorga un lugar en la legión de los fallecidos jóvenes, figuras legendarias que se entregaron a la eternidad. Estoy segura de que Graziano no sabe nada de Dora, pero debo informarlo de que su silla azul cielo, colocada entre rosas y hortensias, ha sido muy apreciada.

Pedidos de hoy: *El poeta de las cenizas,* de Pier Paolo Pasolini; *Un prato in pendio*, de Pierluigi Cappello; *Una mujer*, de Annie Ernaux; *Toda pasión apagada,* de Vita Sackville-West; *La escritora vive aquí*, de Sandra Petrignani; *Su último deseo*, de Joan Didion, y *Diario de un librero*, de Shaun Bythell.

19 de febrero

Hacía años que no teníamos un invierno tan invernal, lluvioso y gris. He echado un vistazo a la previsión meteorológica en mi iPhone y, por lo que parece, a partir del próximo domingo disfrutaremos de un largo periodo de buen tiempo.

El jardín está en condiciones lamentables, me duele verlo así. Como ya no puedo llamar a Pia Pera, llamaré al jardinero. Pero a ella sigo leyéndola y hago míos todos sus argumentos «contra el jardín», a favor de un jardín natural. No cortaré las flores silvestres que broten más allá de la empalizada, como hice estúpidamente el año pasado. Pia, que era una eslavista excepcional y había traducido *Eugenio Oneguin*, de Pushkin, y *El jardín secreto*, de Frances Hodgson Burnett, y revisado el mito de *Lolita*, un buen día abandonó Milán y se trasladó a su casa de campo de Vaccoli, cerca de Lucca. Se convirtió en la jefa de sus campesinos, gente que mataba las culebras delante de sus narices mientras ella las defendía y defendía su papel en el ecosistema. Hierbajos y culebras eran su manera de ser extremista en cuanto hacía.

Le encargué un texto breve sobre la pena de muerte. Así fue como la conocí. Recuerdo su mirada inquisitiva. ¿Quién era yo? ¿Una amiga de los poderosos o del submundo? ¿Era de fiar? No sabía dónde situarme, si entre los amigos o no. Yo la coloqué enseguida entre las amigas, pero no tuve tiempo de demostrárselo.

La muerte nos arrebata el tiempo de acabar algo que habíamos empezado y que nos importaba. En un momento determinado, Pia empezó a cojear, y al cabo de unos años, el 26 de julio de 2016, murió al caer por una loma de su jardín con la silla de ruedas. Jardín que desconocía la enfermedad de la motoneurona. Ella no se lo dijo a su jardín. Pero, con una fuerza de voluntad sobrehumana, escribió un libro que es un diario narrado desde dentro de la enfermedad. Había tomado el bastón de Virginia Woolf y lo usaba casi como instrumento de poder para indicar a los demás dónde estaban los puerros y los espárragos. Luego, el bastón no fue suficiente, y tampoco el ordenador ni el móvil. Llega un punto en que la fuerza de esa ninfa de los bosques decae, y nosotros con ella. El libro, que lleva por título un verso de Emily Dickinson, *Aún no se lo he dicho a mi jardín,* está y siempre estará en el mostrador de mi librería junto con sus otras obras.

Pia había comprado en Tereglio una casita que encontró con la ayuda de Giovanna. Un día, Pierpaolo y yo fuimos a buscarla. No fue difícil identificarla: una casa blanca, pequeña, con ventanas pequeñas, pérgolas pequeñas, senderos pequeños y puertas pequeñas. Su toque personal se apreciaba en todas partes. Debería estar protegida. Quizá hoy vaya a ver cómo sigue. Pia es nuestra Emily; no nos acordemos de sus lugares cuando se hayan vendido, desnaturalizado o destruido.

Emanuele Trevi habla de ella en su último libro. Eran amigos de toda la vida. *Dos vidas* es candidato al Premio Strega. Sería un milagro que ganara.

Entretanto, yo estudio *El huerto de una holgazana* como guía espiritual para entrar en mi jardín.

Pedidos de hoy: *La sposa irlandese*, de Maeve Brennan; *Caminar*, de Henry David Thoreau; *El clamor de los bosques*, de Richard

Powers; *Sobre los huesos de los muertos*, de Olga Tokarczuk, y *Sembrava bellezza*, de Teresa Ciabatti.

20 de febrero

Hace un mes que paso las noches aquí, en la cuarta planta de esta casa de piedra que heredé de mis tías. Parece una torre. Acuden a mi mente Montaigne y Hölderlin y la función que desempeñan las casas en la vida de la gente que escribe.

Sobre todo, las torres. Las torres aíslan; quien escribe en ellas se siente protegido y distante, como si no perteneciera a este mundo. Abandonar los jardines y subir a la montaña era la consigna de Hölderlin, que pasó los últimos treinta y seis años de su vida en la torre de un carpintero, Ernst Zimmer, a orillas del río Neckar, en Tubinga. Un carpintero que acoge a un esquizofrénico catatónico durante treinta y seis años es una obra de arte. Montaigne, en cambio, volvió cómodamente al castillo familiar, situado a cien kilómetros de Burdeos, entre Castillon y Bergerac. Allí también había una torre que lo esperaba.

A mí la torre me salvó de la calle. Así me sentía, en la calle, en la casa con las escaleras a medio acabar. Era la casa a la que me habían exiliado tras la boda de mi hermano, el hogar que mi padre abandonó, mujer e hija incluidas, una noche de 1972. Era la casa sin baño ni calefacción habitada por una madre loca de dolor.

En cuanto me fue posible, puse pies en polvorosa, y escogí un instituto que casualmente estaba nada menos que en Florencia. Lo recuerdo como si fuera ayer: papá y yo metidos en una cabina telefónica buscando la letra L. H, I..., L, de «Liceo Lingüístico». ¡Ahí estaba! ¡Via Ghibellina! Era privado, pero mi padre dijo que nos las arreglaríamos. El instituto nos informó sobre un colegio mayor y todo fue rodado. Me presenté ante las monjas con una minifalda plisada de color naranja confeccionada por mi madre. Me dijeron que no era adecuada. Me compré una falda escocesa que llevé justo el tiempo que precisé para aclimatarme y ponerme el uniforme oficial de entonces: parka militar, boina, vaqueros y botas.

Cuando volvía a casa los sábados, me encontraba con mi madre en versión Medea dispuesta a perseguirme blandiendo la plancha. Yo veía a mi padre y ella no. Pasamos cuarenta años así, en el odio y el dolor.

Tiempo después, un día mi madre conoce en Florencia a Ming, una chica de origen chino nacida en Estados Unidos, de buena familia, que hace voluntariado. Le han encomendado a mi madre. Entre ellas nace un amor que va más allá de la hora semanal pactada. Se necesitan la una a la otra. Ming le habla del perdón con voz suave. Mi madre dice que le gustaría reconciliarse con mi padre.

Cuando cumple cien años, todo el pueblo lo celebra en el Circolo della Croce Verde, incluidos el alcalde y la banda protocolaria. Mi madre, elegantísima, entra del brazo de mi hermano. Yo oficio como maestra de ceremonias. Tengo un micrófono. Pregunto si alguien quiere decir algo. Un hombre apuesto y bien vestido se levanta, avanza lentamente hacia la homenajeada y le tiende una mano; ella, arrobada, se pone en pie; la mano se desliza entre su mejilla y su cuello. Él le da un beso y se va. Ese hombre, que llora entonces, es mi padre.

Pedidos de hoy: *Sobre los huesos de los muertos*, de Olga Tokarczuk; *L'istante largo*, de Sara Fruner; *Colmillo blanco*, de Jack London; *El cuento de la criada*, de Margaret Atwood; *Amar a Frank*, de Nancy Horan, y *Aprender a hablar con las plantas*, de Marta Orriols.

21 de febrero

Alessandra ha cocinado hoy algo de nuestro pasado de pobres: *frittelle* de harina de castaña con requesón.

Receta:
Harina de castaña, 200 g
Agua caliente, 250 ml
Piñones, 30 g
Un pellizco de sal fina
Un pellizco de levadura de repostería en polvo
Amasar y freír en aceite de cacahuete. Rellenar los buñuelos con requesón fresco, a ser posible de Garfagnana.

Las castañas salvaron la vida a muchas familias pobres durante siglos. La harina se obtenía de las castañas puestas a secar en las chozas rústicas que llamaban «secaderos». También se pueden hervir, y en ese caso se llaman *ballotte*, o asar en una sartén agujereada, directamente sobre el fuego, y esas son las *bruciate* o *mondine*, como las llamamos nosotros. Luego está el pan de los pobres, el *neccio*. Se mezcla la harina con agua y, con la ayuda de una cuchara, se vierte la mezcla entre dos planchas redondas de hierro sobre las que previamente se ha restregado una patata impregnada de aceite. Se da la vuelta a la plancha una sola vez y el *neccio* está listo. Antaño, la operación era más compleja. Se usaban unos moldes redondos de arcilla refractaria que se disponían cerca del fuego del hogar; cuando estaban calientes, se colocaban en un soporte de hierro o madera y se cubrían con hojas de castaño, se vertía sobre ellas la masa obtenida de la harina y el agua y se cubría todo con más hojas y con otro molde caliente. Y así sucesivamente hasta llenar el soporte. Las hojas, recogidas a principios del verano, se cosían con hilo y se conservaban formando pilas muy altas. Era un plato completo y nutritivo, sobre todo si se tenía la suerte de poder acompañarlo con requesón o *biroldo*, el embutido típico de Garfagnana.

Gracias a un profesor de agrónomos, me he enterado de que la castaña más buena, la de gusto más rotundo, es la conocida como *lucignanina*.

Me gusta acoger bien en la librería a quienes llegan hasta aquí arriba. A finales de verano, Alessandra preparó *bomboloni,* que en esta región tienen el aspecto de los dónuts que la abuela Pato preparaba a Juanito, Jorgito y Jaimito, es decir, con forma de anillo. Me gustaría organizar una merienda a base de *frittelle* de castaña con requesón.

La COVID no nos da tregua. Hoy volvemos a abrir, pero solo para los vecinos del municipio. No será emocionante.

Pedidos de hoy: *Der englische Botaniker*, de Nicole C. Vosseler; *Niente caffè per Spinoza*, de Alice Cappagli; *Memorie di una contadina*, de Lev Tolstói y T. A. Kuzminskaya; *Tokyo tutto l'anno*, de Laura Imai Messina; *Mujeres que compran flores*, de Vanessa Montfort; *Gli estivi*, de Luca Ricci, y *Otoño*, de Ali Smith.

26 de febrero

He estado tres días en Florencia. Se los debía a Laura, que de repente se ha encontrado viviendo sin madre, preparando el examen de bachillerato y sacando adelante la casa. Volver a vernos y abrazarnos con fuerza siempre supone una alegría. Pero Laura no está sola: tiene a Joy, una amiga italobelga, a Mirto —el perro de goma— y una conejita. Hemos decidido vender la casa, que es demasiado grande, y comprar un piso más pequeño y práctico para ella, lo que también permitirá que yo pueda disponer de un poco de dinero en este periodo tan difícil. Y pensar que hubo un tiempo en que Laura me rogaba que buscara un trabajo que nos permitiera quedarnos en Lucignana... No lo capté entonces y ahora es demasiado tarde. Recuperará ese deseo más adelante.

En cambio, yo, a decir verdad, sueño con volver allí lo antes posible. Es el poder de los lugares, del regreso y de la infancia desplegada a la enésima potencia. Es el poder de Prato Fiorito.

Prato Fiorito son dos montañas de unos mil trescientos metros con una forma única, de laderas redondeadas y carentes de vegetación. Dominan Bagni di Lucca y son el paisaje de la librería, el escenario de Lucignana. Cuando de niña las contemplaba por la ventana, se me antojaban dos grandes tetas blandas y acogedoras. En primavera se cubren de junquillos de la falda a la cumbre y son un espectáculo. Desde su cima incluso se ve el mar. No tienen espolones, todo es alto y suave, redondo. Según cuenta la leyenda, en noches señaladas, como la de San Juan, el 24 de junio, las brujas subían allí desde el puente del Diablo a prender hogueras y bailar. Las montañas me daban envidia: exuberantes y turgentes, me recordaban que a mí las tetas no me crecían. A veces, para asistir a misa, uno de los eventos sociales más señalados del pueblo, me metía pañuelos en el sujetador. El *push up* tardaría mucho en llegar. En realidad, el grupo montañoso está compuesto por Prato Fiorito y el monte Coronato, pero aquí a nadie se le ocurre distinguirlos. Solo lo hacen los extranjeros o los veraneantes.

En Prato Fiorito, la puesta de sol obra efectos espectaculares. Las dos cimas brillan iluminadas por el sol, que se pone por la vertiente de los Alpes Apuanos, como si estuvieran bajo las luces de un plató, mientras que el resto de la montaña queda en penumbra. Sin duda, esas dos cumbres han influido en mi decisión de volver y montar la librería. Salgo de mi casa, que está en el Vicolo Sopra la Penna, doblo a la derecha y, al final de una calleja de guijarros que discurre entre muros antiguos, me esperan las dos montañas. El estupor que su visión me causa es absoluto. Es como haber vivido mucho tiempo conteniendo la respiración y por fin tomar aire. Me invade la misma sensación de liberación cuando subo a la última planta de la casa-torre y salgo a la terraza: el aire, las estrellas, el cielo, el mundo entero se expande, los pulmones inhalan profundamente, la opresión desaparece al instante, y Leopardi se presenta aunque no piense en él.

Una vez, hace poco más de un año, al acabar la misa nos reunimos en la casa parroquial. Alessandra había hecho *bomboloni* para todos. Enciendo el iPad y aparecen las fotos del pueblo. Me abordan, como si nunca lo hubiera visto, como si fueran las islas Seychelles o las Fiyi. Tiziana, sobre todo, parecía una niña delante de un puesto de algodón de azúcar.

«¿Dónde está esto?».

«¿Y esto otro?».

«Qué maravilla».

«Vista desde Sant'Ansano. Vista desde Piana. La casa de Virginia y William».

Sin embargo, han nacido y crecido aquí. Viven aquí. Por eso, cuando alguien lo llama «pueblo abandonado», se me escapa la risa. Nunca ha habido un pueblo menos abandonado que este. Por eso debía hacer algo.

Ayer, cuando volví de Florencia, encontré la casa como los chorros del oro. Alessandra se ha superado, igual que una niña que espera el regreso de su madre ocupándose del hogar para demostrar lo hacendosa que es. Yo también lo hacía. La casa está reluciente. Se lo cuento a Pierpaolo, que se ha quedado en Florencia con dolor de espalda.

Maurizio (de Barbara) ha empezado a trabajar en el sendero de piedra que cruzará el jardín. Hoy, por fin, pasará el jardinero.

Me ha llegado un libro del que hablaba Pia Pera y del que no puedo prescindir: *Derek Jarman's Garden*, de Derek Jarman, el último que escribió antes de morir de sida, a los cincuenta y dos años. El cineasta cultivó ese jardín sobre una árida extensión de cantos rodados, frente a la central nuclear de Dungeness, en Kent.

Me gustan los libros que invitan a leer otros. Es una cadena que nunca deberíamos interrumpir. La única forma de eternidad que podemos experimentar aquí, en la Tierra, decía Pia. El jardín es una forma de eternidad.

Pedidos de hoy: *Compulsión*, de Meyer Levin; *El museo de la inocencia*, de Orhan Pamuk; *Tu, paesaggio dell'infanzia*, de Alba Donati; *La buscadora de setas*, de Long Litt Woon; *Cuentos del Pacífico Sur*, de Jack London, y *Noi*, de Paolo Di Stefano.

Marzo

1 de marzo

Ayer fue un domingo soleado, la librería estaba preciosa. El jardín espera la visita del buen jardinero para el fin de semana que viene.

Entretanto, la pandemia nos mata física y moralmente. Marzo será un mes duro de superar. Ahora están trazando un plan por provincias en vez de por regiones. Aquí estaremos en zona blanca, pero con la prohibición de salir del municipio. Esperamos la vacuna sin confiar en la salvación. Un día sabremos, y me refiero a nosotros, la gente, si nos lo merecíamos. Si el mundo se ha agotado ya demasiado para soportar nuestros abusos.

Había invitado a mi padre a comer, así que hemos comido los tres juntos, como en los viejos tiempos, cuando éramos una familia. Estaba contento por pasar el día acompañado. Por la tarde ha venido a la librería, se ha sentado en una de las Adirondack y ha charlado sin cesar con Graziano. Estoy removiendo cielo y tierra para encontrarle una casita aquí, cómoda y sin escaleras, pero no tengo muchas esperanzas.

Mi madre nos besaba sin parar a los dos porque cada beso habría podido ser el último. Me parece ver a mi padre con trece años, agarrado a las rejas de una ventana del patio, mirando a una chica guapa que da de comer pan y queso a su hijo. En casa de mi padre carecían de todo. Eran demasiados hermanos y mi abuelo no podía mantenerlos. La chica se apiadaba de él, lo dejaba entrar y le daba de comer. Total, donde comen dos comen tres. Pero el hambre de Rolando era indecible y se habría tragado hasta las patas de la mesa.

La chica tenía veinticinco años y esperaba que su marido volviera de la campaña de Rusia. No contaba demasiado con ello, pero el pequeño Giuliano y ella seguían esperándolo.

Entretanto, Rolando se traslada a Lucca, a trabajar de mozo en casa de una familia acomodada, donde aprende a escribir y a leer el periódico que el amo compra a diario. Le basta el contacto con un mundo diferente para desarrollar lo que anida en su interior: el estilo, el deseo de conocimiento, las ganas de prosperar.

Y a la edad justa, alrededor de los veintisiete años, le pide a la chica del patio de su infancia que se case con él. El marido no ha vuelto y la esperanza de que regrese se ha esfumado. Fue así como mi madre se casó con mi padre, un hombre doce años más joven que ella. Mis tías se opusieron, pero cuando nació una hermosa niña las aguas volvieron a su cauce.

Cuando mi padre ha subido de la librería tenía frío. Se ha sentado en el sofá; mamá le ha enrollado las manos en una manta y se las ha colocado sobre las piernas, como si todavía fuera aquel niño indeciblemente hambriento. No sé si soy la artífice de este milagro o una simple figurante, pero no tiene importancia.

Han venido a la librería dos mujeres de Tereglio, madre e hija, y se han llevado unos libros tan hermosos que me han alegrado el día. La madre se llama Natalia y es la dueña de la tienda de alimentación de Tereglio.

Pedidos de hoy: *La apariencia de las cosas*, de Elizabeth Brundage; *La casa en París*, de Elizabeth Bowen; *Brokeback Mountain, secre-*

to en la montaña. Historias de Wyoming, de Annie Proulx, y *Una sostanza sottile*, de Franco Cordelli.

4 de marzo

Hoy viene el jardinero. Bueno, ya vino la semana pasada, pero solo a echar un vistazo; hoy se dedicará a nosotros. He comprado simientes de trébol para esparcirlas entre las piedras con las que Maurizio ha trazado el sendero, que, dicho sea de paso, ha quedado muy bien, incluida la curva del fondo, antes de la verja.

Natalie me ha escrito desde Israel para informarme que los paquetes con los calcetines están listos. Todo viento en popa, menos la pandemia, que continúa sembrando el pánico y la pobreza. Nos enfrentamos a un marzo de confinamiento: los contagios aumentan, los colegios cierran.

Ayer llevé a mi padre a que le pusieran la primera dosis de la vacuna. Aunque tiene una invalidez del cien por cien, asegura que se encuentra perfectamente. Es fantástico.

Me ayudó económicamente hasta que acabé la carrera, luego cayó en una trampa tendida por su abogado.

Me busqué la vida para mantenerme y pagar el alquiler; en las mañanas de invierno llegué incluso a vender productos de baratillo puerta a puerta. Una empresa turbia nos recogía en Rifredi con una furgoneta; todas éramos chicas muy jóvenes necesitadas de dinero. Subíamos y nos llevaban a la llanura que se extiende entre Lucca y Pistoia, donde, una por una, iban dejándonos en una bocacalle distinta. Cargada con una bolsa llena de detergentes de tres al cuarto, caminaba sobre el hielo por calles inmensas al final de las cuales nos esperaba el «chulo» que nos llevaría de regreso al cuartel general. Las manos se me entumecían, congeladas como si estuviera en Rusia.

Después encontré trabajo en una tienda en boga del centro. Era Sandro P., el templo de la moda de los años ochenta. Yo tenía veintiocho años.

Sandro es muy simpático. De vez en cuando lo visitaba su amiga Vivienne Westwood, que, junto con su marido, Malcolm McLaren, había inventado el punk inglés, los Sex Pistols y demás. Llegaba con su abrigo holgado y se sentaba en un rincón de la tienda para entrar en calor. La gran Vivienne Westwood parecía de Lucignana.

Otro que también frecuentaba la tienda, pero no parecía de Lucignana, era Boy George.

Sin embargo, fue un año duro. Ser dependienta significa estar de pie ocho horas, y no lo aguantaba. En el descanso del mediodía iba a casa de una amiga norteamericana de ascendencia polaca y me echaba a llorar. Ella, que quizá me quería, me brindaba caricias algo torpes que, sin embargo, me reconfortaban.

Volvía a verme de niña en Lucignana, cuando mientras todos segaban, llenaban los capazos e iban y venían del campo al cobertizo, yo me sentaba debajo de un árbol a leer *Oliver Twist*. Pero en la tienda ningún Dickens acudiría en mi ayuda, no podíamos sentarnos, solo se le permitía a Vivienne Westwood.

Había aceptado también organizar eventos nocturnos en una discoteca muy de moda, el Manila, en la periferia florentina. Puse en escena *Alicia en el país de las maravillas*, de Lewis Carroll, y *Vladimir Ilyich Lenin*, de Maiakovski. Busqué chicas que se parecieran a Alice Liddell y a las niñas de Carroll, mi amiga norteamericana confeccionó el vestuario y su novio hizo fotos en lugares muy parecidos a los originales. Buscamos fábricas abandonadas, muros derribados, sillas con la paja desfondada, camas desvencijadas. El resultado fue un trabajo extraordinario, desaprovechado en una discoteca de finales de los ochenta. Tengo que buscar esas fotos y usarlas para la nueva librería. Aquellas chicas, que entonces contaban veinte años, ahora tendrán cincuenta y a saber dónde andarán. Solo sé cómo encontrar a dos: Elena y Veronica.

Pedidos de hoy: *Così allegre senza nessun motivo*, de Rossana Campo; *Abril encantado*, de Elizabeth von Arnim; *Qualcosa*, de Chiara Gamberale, y *Tomates verdes fritos*, de Fannie Flagg.

5 de marzo

El jardinero ha arreglado el césped, que estaba convirtiéndose en un páramo fangoso. Alrededor de las piedras del nuevo sendero hemos sembrado trébol pequeñito. Ya me veo levantándome por las mañanas para ir a comprobar si ha crecido un milímetro. Navegando por Facebook he encontrado decenas de entradas sobre la librería escritas por nuestros visitantes, o, mejor dicho, nuestras visitantes. Hace poco, en Messenger, una clienta que se llama Giulia decía lo siguiente: «Quiero que sepáis que me regaláis momentos de intensa felicidad. Buen trabajo». Y Adam: «Heaven is a place on Earth. And it's called Garfagnana». Más sintética, Caterina: «Dejadme aquí». Una chica que ya se iba, al encontrarse frente a las escaleras de piedra con la barandilla verde salvia, las flores y los faroles, se detuvo y dijo: «Dejad que viva este momento, sueño con estas escaleras hasta por las noches».

Creo que el jardín ha tenido una función en todo esto. Tras la poda, del viejo melocotonero que daba frutos raquíticos salen melocotones gigantescos, y el plumbago ha crecido un par de metros. He encargado un libro fundamental sobre el poder de las flores. Se titula *La inteligencia de las flores* y lo escribió un poeta y ensayista y también premio Nobel, Maurice Maeterlinck, en 1907. Lo bueno del libro reside en su falta de voluntad científica, clasificatoria. Las flores, al igual que nosotros, piensan, intuyen cuál es el camino más fácil, evitan el más difícil y luchan, poseen un espíritu revolucionario. Maeterlinck cuenta la vida de las flores como si fueran empresas caballerescas, a veces abocadas al fracaso. Me refiero a la pobre alfalfa, que deposita sus simientes en ligeras espirales para retrasar su caída y permitir que el viento se las lleve lejos. Lo que más me conmueve es la inutilidad de su acto: la alfalfa es una hierba corta y las simientes caen en la tierra en un abrir y cerrar de ojos.

Un día, un niño llegó corriendo a la librería, luego se detuvo estupefacto delante del primer peldaño y exclamó: «¡Uauuu, esto es el paraíso!».

Derek Jarman nos recuerda que la palabra *paraíso* se deriva del persa antiguo y significa «lugar frondoso». Frondoso y enmarañado es el jardín de Prospect Cottage, en Kent, y también el nuestro. Si un jardín no está enmarañado, «más vale dejarlo correr».

No sé si nuestro jardinero ha leído a Pia Pera y a Derek Jarman, pero comparte su opinión. Ha traído estiércol y unos utensilios para distribuir la tierra que parecían salidos de un documental sobre los aperos agrícolas de finales del siglo XIX. Estamos enmarañados y eso nos gusta.

Pedidos de hoy: *La casa en París*, de Elizabeth Bowen; *Hace mil años que estoy aquí*, de Mariolina Venezia; *Compulsión*, de Meyer Levin; *Hombres sin mujeres*, de Haruki Murakami, y *Autobiografía de mi madre*, de Jamaica Kincaid.

7 de marzo

La librería tiene horarios extraños. Está abierta sábados y domingos. El verano pasado, que era nuestro primer verano, abrimos de jueves a domingo. A pesar de que había que reservar hora con antelación, los jueves la calle se llenaba de gente que no estaba en la lista. Por eso este año, siempre y cuando volvamos a estar en zona amarilla, abriremos todos los días menos los martes. Necesitamos un día de descanso.

Ayer vinieron algunas personas y nos animamos un poco. También vino Andrea, el alcalde de Castelnuovo, con el presidente de la Fondazione Pascoli. Me ofrecieron el cargo de directora artística de la fundación, donde al parecer fermentan muchas iniciativas. El triángulo Castelnuovo-Barga-Lucignana podía ser muy interesante. La fantasía de Ariosto y el genio de Pascoli transportados a una cabaña romántica del tercer milenio.

Cuanto más lo pienso, más grande me parece Pascoli. La crítica cometió con él los peores errores que pueden imaginarse. Vieron al poeta aburridamente idílico, decadente y decimonónico, pero no vieron el psicoanálisis que, por otra parte, aún no se había inventado, ni los temas innovadores, la realidad de la inmigración, la centralidad de la naturaleza y los animales o el lenguaje experimental, sobre el que Pasolini escribiría su tesis de licenciatura. En definitiva, creo que aceptaré el encargo a pesar de que no dispongo de mucho tiempo.

Hoy hemos puesto en marcha un juego en las redes sociales. Acaba de publicarse un libro de Michela Murgia, *Stai zitta* («Cállate»), que con su acostumbrada eficacia resume las diez frases que las mujeres no estamos dispuestas a seguir escuchando. El juego consiste en publicar, cada cuatro horas, la foto de una mujer de Lucignana que sostiene el libro con una mano y se lleva el índice de la otra a los labios, como si quisiera decir: «¡Cállate!». La instantánea va acompañada de la frase «Librería Sopra la Penna con ocasión del 8 de marzo» y el nombre y la ocupación de la retratada. Gente que va a casa a maquillarse, a cambiarse..., un torbellino.

La primera en posar ha sido mi madre. Profesión: centenaria.

Personalmente, he tenido que tragarme todas esas frases, desde «Así asustas a los hombres» hasta «Era solo un cumplido». Pero, bien pensado, estoy segura de que encontraría muchas más, como «Qué anticuada eres», pronunciada por un hombre casado a una mujer que lo rechaza, o la cantinela psicoanalítica: «Estás tensa, no sabes dejarte llevar, no vives la parte más libre de ti».

En cualquier caso, hoy seguiré haciendo fotos a las que ayer no pudieron arreglarse.

Pedidos de hoy: *Nosotros en la noche*, de Kent Haruf; *Días de Navidad*, de Jeanette Winterson; *Midsummer Night in the Workhouse*, de Diana Athill; *Las sombras de Longbourn*, de Jo Baker; *The Mitford Girls*, de Mary S. Lovell; *La apariencia de las cosas*, de Elizabeth Brundage, y *Littel*, de Edward Carey.

11 de marzo

He vuelto a pasar tres días en Florencia y he llegado a las mismas conclusiones que la otra vez: ya no quiero vivir en la ciudad. Solo veo las cosas negativas: la suciedad, el ruido, lo complicado que es desplazarse. Lo positivo es que allí está mi hija con su perro de nueve meses, el perro de goma, como yo lo llamo. Una combinación de Adriano Celentano y la Pantera Rosa.

Ayer por la noche, al abrir la nevera y comprobar que había un exceso de huevos y mantequilla, me lancé a hacer una torta margarita sin la ayuda de una báscula. Me dije que si Colette podía, yo también. Mezclé tres huevos, un poco de azúcar, un poco de harina, una bolsita de levadura y un poco de leche caliente con mantequilla derretida. *Et voilà!* Treinta minutos de horno y me salió fabulosa. Me alegró constatar que sabía qué significaba aquel «poco». El poco de «los que pesan sin báscula» es ese algo que vuelve locos a críticos y filólogos, porque es pura invención, una silabación innata que no se aprende ni se cataloga ni se controla. «Un chorrito de aceite al gusto» es una derrota académica. Así pues, bienhallados los George Steiner, los Cesare Garboli, las Colette, las Virginia Woolf, las Elsa Morante y quienquiera que sepa que la literatura se hace con un chorrito de aceite al gusto.

Es mucho mejor indagar sobre el chorrito de aceite. ¿De dónde viene esa precisión, ese saber hacer, esa capacidad analítica de quien ha salido de su barrio unas tres veces al año como mucho?, se preguntaba Colette pensando en su madre.

Cuenta Seamus Heaney que en sus primeros años como profesor en Belfast había escrito textos técnicamente interesantes pero carentes de la energía preverbal que es el origen de la poesía. Había escrito mucho sin llegar a nada. Nada que tuviera vida, solo ejercicios literarios. Hasta que una palabra empezó a moverse y a repetirse en su mente y dio inicio a todo: *omphalos, omphalos.* A fuerza de darle vueltas en su cabeza, esa palabra griega, que significa «ombligo», se convierte en una imagen, un recuerdo, un sonido. Se convierte en alguien que bombeaba agua de la fuente delante de la casa de su infancia. *Omphalos, omphalos.* Todo discurre por debajo, todo es preverbal. Si se logra bajar hasta allí, el lugar donde no llega la técnica, el lenguaje podrá narrar la infancia, el padre, el paisaje, la turbera y la historia de Irlanda. Decía Robert Frost: «Un poema comienza como un nudo en la garganta, un sentimiento de nostalgia o una pena de amor».

He querido repetir la tarta, pero no me quedaban huevos. Lo dejo para mañana.

He vuelto de Florencia en tren, protegida por mi mascarilla de Jane Austen. Donatella me ha recogido en la estación de Ghivizzano. Yo estaba nerviosa y cansada, y verla, con su *élan vital*, me ha devuelto al mundo.

Hemos hecho un alto en nuestra cafetería preferida, De Servi, donde hemos tomado un chocolate con nata al aire libre por imperativo de las normas sanitarias.

Se anuncia un periodo de restricciones. El miedo a las «aglomeraciones» impondrá el confinamiento durante fines de semana y puentes: Semana Santa, el 25 de abril y el 1 de mayo. Será una catástrofe económica.

Ayer, mi madre, en su mejor estilo trágico, se definió por teléfono como una muerta viva. Es interesante observar que normalmente el orden sería: «Estoy viva, pero es como si estuviera muerta». Pues no; ella, en cambio, está muerta, pero es como si estuviera viva. A pesar de que mi madre es insoportable, no puedo negar que debo de haber heredado de ella cierta creatividad.

Me ha escrito Natalie desde Israel: los calcetines salieron el 3 de marzo. En teoría deberían llegar sobre el 28. Si todo va bien, en Semana Santa los tendremos aquí, al menos para la venta digital.

Pedidos de hoy: *El viento comenzó a mecer la hierba*, de Emily Dickinson; *Cartas*, de Emily Dickinson; *Poemas*, de Emily Dickinson; *La señora Dalloway*, de Virginia Woolf; *Bella Vista*, de Colette; *La casa en París*, de Elizabeth Bowen, y *Umami*, de Laia Jufresa.

12 de marzo

Llueve poquísimo, pero llueve. El agua hará que crezcan las simientes plantadas delante de la librería. Ayer fui con Donatella a dar una vuelta por el valle, a Fornaci, bajo la lluvia. Estaba atareadísima porque sus primas, Barbara (de Maurizio) y Tiziana, se han puesto enfermas a la vez y tenía que hacer una buena compra para ambas. Bajó del coche con su paraguas; la vi caminar presurosa entre la gente, esquivando los charcos, con el sombrero de cachemira adornado con un pequeño lazo en la nuca, el abrigo gris, holgado y largo hasta los tobillos. Era como una figurita salida de las páginas de una novela. Una Audrey Hepburn en *Desayuno con diamantes.* Baja del coche con la misma ligereza que Holly cuando sale del taxi en la Quinta Avenida. Más tarde vuelve cargada con bolsas y paquetes, pura alegría. Nada le pesa, todo lo hace como si estuviera distraída. La librería también es un punto de referencia para ella.

Ayer nos visitaron dos chicas de Valdarno que habían reservado con antelación. Se tomaron el día libre para venir a vernos. Eran las lectoras ideales, de esas que compran los libros que me gustan, que aguzan el oído apenas sacas un volumen de la estantería, que se marchan con la sonrisa grabada debajo de la mascarilla y que seguro que vuelven.

Se llevaron, entre otros, *La mujer de papel,* de Rabih Alameddine, y *Cuore cavo,* de Viola Di Grado, dos libros publicados hace unos años que nosotras hemos clasificado de imperecederos. Me encanta navegar por la red en busca de libros «superados» que recuperar.

Una cosa que he advertido siendo librera es que el culto a los autores no está muy extendido. No son muchas las personas que esperan el último libro de Paul Auster o de Zadie Smith; sí, en cambio, las que han leído libros inolvidables cuyos autores no recuerdan. Buscan historias y no les importa quién las ha escrito; historias para distraerse, para identificarse con sus protagonistas, para huir de la realidad. Piden historias que no duelan, que curen heridas, que infundan confianza y rezumen belleza. Cuando me preguntan de qué va un libro, me echo a temblar. Jamás en mi vida me he acordado de una trama, ni siquiera de la de *Blancanieves y los siete enanitos*. De un libro me quedo con otras cosas, y creo que eso otro es la literatura. El escritor pugna contra la trama a fin de que en el corazón del lector quede grabado lo esencial. Cuando recorro con la mirada las estanterías, sé que en los libros que he elegido siempre hay un dolor o una derrota. Y ahora, ¿qué le propongo a esa chica que me pide un libro indoloro? En casos así, me fijo en las cubiertas. Reconfortantes, románticas o irónicas al gusto, como la sal, la pimienta y el aceite. «Este libro me atrae», me dijo una persona refiriéndose a un ejemplar colocado en un estante con la cubierta de cara al público. «Pues seguro que posee la cantidad necesaria de lo que te gusta para llevártelo a casa», le respondí. Era *Desayuno con diamantes*, de Truman Capote.

Pedidos de hoy: *The Tree: The Book that Transforms into a Work of Art*, de Steve Marsh; *La vuelta al mundo en ochenta días*, de Julio Verne; *Le cose così come sono*, de Silvia Vecchini; *Annie. Il vento in tasca*, de Roberta Balestrucci Fancellu, y *Robin Hood*, de Alexandre Dumas.

14 de marzo

Hoy han vuelto el frío y el viento, se prevén temperaturas bajo cero. En comparación, el florecimiento del ciruelo, cubierto de pequeños pétalos de color rosa que en parte se han desprendido y formado una suave alfombra a sus pies, ofrece un contraste que parece deliberado. Cuando el sol lo ilumina, es como una postal viviente. Espero que después de esta semana de frío se anuncie la primavera.

Hoy, Donatella y yo hemos abierto, pero, desanimadas por el helor, hemos cerrado enseguida. Ayer acudieron unas diez personas de los pueblos cercanos: Ghivizzano, Calavorno, Piano di Coreglia...; estamos en zona naranja y solo podemos movernos dentro de los límites municipales.

Entre las personas que nos visitaron ayer había una chica con minifalda, abriguito, piernas desnudas y botas de tacón de aguja. Se hizo un montón de fotos. Como si hubiera venido solo para eso. Buscaba un escenario que tuviese encanto. Por suerte, al menos su amiga mostraba interés por los libros.

Ahora hay que armarse de paciencia y esperar a que lleguen las vacunas y disminuyan los contagios; para entonces estaremos en mayo, la gente tendrá ganas de salir de casa y muchos vendrán a la librería. De toda Italia. Como el año pasado.

Hoy ha pasado Angelica. Ha bajado las escaleras casi sin tocar el suelo, como una libélula. Las piernas, más que para caminar, le sirven para emprender el vuelo. Iba con su madre, Barbara (de Daniele).

Barbara es una mujer muy interesante, una crac, como dijo Daniele. Estudió Ingeniería, y cuando le faltaban cuatro exámenes según el viejo ordenamiento, lo dejó. Es una de esas mujeres que se visten para ocultarse, que no quieren salir en las fotos y decoran la casa con lo esencial. Pero a esa austeridad monástica subyace algo más. Tiene una voz que seduce. Se podría escribir una tesis sobre sus modulaciones y el efecto que producen. «Con esa voz puede decir lo que quiera», aseguraría el bueno de Marcello Marchesi, creador de jingles memorables. Me recuerda a Kathleen Turner cuando pone voz a Jessica Rabbit.

Hoy Barbara se ha llevado *Al final de la tarde*, de Kent Haruf, e *Il mare dove non si tocca*, de Fabio Genovesi. Angelica quería un libro para chicas mayores, no para niñas. Ha sopesado varios títulos, entre los cuales estaba *Oliver Twist*, pero al final ha elegido *Maffin*, de Massimo De Nardo, que, a pesar de que parece un libro para adultos, está aconsejado para lectores de diez años. Trata de un chico que tiene que construir un reloj que nunca vaya ni adelante ni atrás. Bonito.

Pedidos de hoy: *La fuente clara*, de David Bosc; *Lourdes*, de Rosa Matteucci; *Die Lieben meiner Mutter*, de Peter Schneider; *Spill*, de Sigrid Combüchen, y *L'olmo grande*, de Gian Mario Villalta.

15 de marzo

Hoy, en cambio, luce un sol radiante. Son las siete de la mañana y mi torre es una especie de faro luminosísimo. Está equipada con un baño moderno, y mientras me ducho veo las montañas y el cielo. A veces soy feliz como una superviviente, como si hubiera estado al borde de la muerte y me hubiera salvado.

La casa, siempre la casa, aquella casa. Además de las escaleras a medio acabar, me avergonzaba y me daba miedo otra cosa: no tenía baño. En los años sesenta, ninguna casa del pueblo contaba con uno, pero después, quien más quien menos se las había arreglado para incorporarlo. Nosotros no. Mi padre se fue y nos dejó así. Mi madre, por desquite, también nos dejó así. «Hazlo tú». «No, que lo haga tu padre». Como resultado, usábamos el viejo «trono», un asiento de piedra que daba a un pozo ciego. Y ¿en qué lugar se les había ocurrido construir esa genialidad a los moradores de los siglos precedentes? Al fondo del sótano de la casa, una estancia enorme sin ventanas, llena de leña, con una puerta desvencijada que apenas podía entornarse. Para llegar allí tenía que recorrer un paso inferior descubierto. Yo contaba seis años, mi hermano se había casado, mi padre no estaba y a mi madre le costaba demostrar su afecto.

Cuando mis amigas de Florencia venían a pasar el fin de semana, yo emitía sonidos que eran preámbulos, excusas. La vergüenza. Tener un retrete como aquel significa que nadie te quiere. Y que una debe enfrentarse a dragones, serpientes, noches oscuras y peligros de toda clase.

Así fue como me presenté ante Lucia, tras años de tormentos. «Doctora, he soñado que mi madre preparaba el asado, pero en vez de cocinar un trozo de ternera, me cocinaba a mí recién nacida». «Doctora, he soñado que era invierno, nevaba, y algo se movía en el jardín. Salgo y excavo en el punto de donde proceden los ruidos. Hay una niña pequeña sepultada en el hielo. Soy yo». Lucia, con sus azules y perspicaces ojos, enseguida se dio cuenta de que nuestra amistad iba para largo. En efecto, duró una década.

Entretanto, mi tía Feny había reformado su casa gracias a los ahorros de su trabajo como ama de llaves y mi tía Polda había muerto, así que nos trasladamos a su casa del Vicolo Sopra la Penna. Disponía de un baño con ducha. Durante la rehabilitación habían estropeado muchas cosas, pero daba igual: la vivienda poseía todas las comodidades y eso bastaba. Allí organicé el golpe de efecto hace dos años. Mantuve a mi madre en Florencia seis meses, tiempo durante el que reformé completamente la casa, que para entonces ya era solo nuestra porque en el ínterin mi tía Feny también había fallecido. Mi madre todavía busca la antigua cocina, la antigua sala. Aunque todos le dicen que ahora es maravillosa, ella asegura que le gustaba más antes. Sé que tiene sus motivos, pero yo tengo los míos.

Pedidos de hoy: *L'acqua del lago non è mai dolce*, de Giulia Caminito; *Stai zitta*, de Michela Murgia; *Il bosco del confine*, de Federica Manzon, e *Historia de mi ansia*, de Daria Bignardi.

16 de marzo

Alessandra, Monica, Donatella y yo nos hemos pasado el día sermoneando a mi madre, tratando de hacerle comprender que hablar de ataúdes, conjuntos para el entierro, rosarios negros (en un momento determinado sacó a colación que a la difunta había que colgarle del cuello un rosario negro), ver solo lo peor y sentirse la criatura más desamparada de la Tierra, además de ser mentira, no es bueno. Todas a una tratando de hacerle cambiar de idea: «Tienes ciento dos años, has perdido la vista, pero te vales por ti misma, tienes una casa bonita, no padeces enfermedades, tu hija (yo) siempre está pendiente de ti y te visitan muchísimas personas, ¿por qué permites que por las tardes te domine el ansia? No tiene sentido». Y llegados a este punto, hay que encomiar las palabras de Ernesto que, sin soltarle la mano, ha zanjado la cuestión así: «Tenéis razón, pero yo estoy aquí con ella y no la suelto. Es lo que quiere y yo se lo doy».

Si a las tres de la tarde Ernesto no ha llegado, mi madre se levanta y va a tocarle el timbre. Cuando llega, se sienta a su lado y empieza a hablarle. También ha aprendido a escucharla. Escucha su dolor sin tratar de interpretarlo. A las seis enciende el televisor, sintoniza TV2000, el canal de la Iglesia, y dispara a todo volumen el rosario en directo desde Lourdes. A las seis y media le da un beso en la «cabecita» y se va. Así cada santo día. No es una película de Almodóvar. Y él no es creyente.

Ahora prepararemos un té a la rosa de invierno con las galletas de Luisa.

Pedidos de hoy: *Sobre los huesos de los muertos*, de Olga Tokarczuk; *El libro de los gatos habilidosos del viejo Possum*, de T. S. Eliot; *Virginia*, de Emmanuelle Favier, y *La notte si avvicina*, de Loredana Lipperini.

17 de marzo

Tras despachar el último pedido, sin más quehaceres, busco libros y miro de cerca la tierra con la esperanza de ver crecer el trébol. No será fácil superar marzo y abril sin lectores que suban la cuesta para llegar a la librería. Italia, el mundo, es un búnker. Lucignana sigue estando libre de COVID y eso nos hace aún más estrambóticos.

Ayer me dediqué a escribir las invitaciones para los encuentros literarios de los que me ocupo en Castelnuovo. Siempre y cuando la epidemia lo permita, todos han aceptado: Melania Mazzucco, Michela Murgia, Emanuele Trevi, Fabio Genovesi... y Toni. Cuando el día empieza con una llamada de Toni Servillo, tu vida ha dado un giro. Una noche, en Florencia, mientras cenábamos tras un evento que el Gabinetto Vieusseux había organizado en honor de Cesare Garboli, llegó para socorrerme a la mesa sobre la cual me había desmayado, con comensales incluidos, y me acompañó fuera del restaurante. También estaba Emanuele Trevi. Era la segunda vez que caía redonda en el curso de una cena con Emanuele, y eso que solo me he desmayado dos veces en mi vida. En fin, hoy le he propuesto a Toni que el 10 de agosto lea *Italy* en la Casa Pascoli y ha aceptado. Para haberlo hecho todo en un día, no está mal. Intentaré que me paguen estos servicios, quizá así pueda saldar la deuda con el antiguo distribuidor. Ahora es una guerra entre pobres, nadie se enfada con nadie porque nadie trabaja y hay que dar las gracias por seguir con vida.

Muchas personas me escriben preguntándome qué hay que hacer para montar una librería como la nuestra y cuánto cuesta. Aunque nunca sé qué responderles exactamente, sí sé una cosa: para empezar, se necesitan unos treinta mil euros en libros, y quien no los tiene y hace como yo, es decir, los encarga, los vende y los paga al distribuidor, al final no consigue salir adelante. Cada vez necesitará más libros, pero mientras tanto le costará vender otros. Perder de vista esta proporción es meterse en un berenjenal. Para estar tranquilo, hay que tener esos treinta mil euros, no hay otra. También hay que mantenerse informado sobre las ayudas regionales, que pueden cambiar mucho la situación.

Ya es un hecho: en la librería Sopra la Penna, los libros que más se venden están escritos por mujeres.

Pedidos de hoy: *Scusate la polvere*, de Elvira Seminara; *Toda pasión apagada*, de Vita Sackville-West; *Tokyo tutto l'anno*, de Laura Imai Messina; *The Green Wiccan Spell Book*, de Silja, y *L'Italia di Dante*, de Giulio Ferroni.

18 de marzo

En el parte meteorológico de hoy han desparecido la nieve, las bajas temperaturas e incluso la lluvia. Maicol, en cambio, corre tras el viento porque su abuela sigue diciéndole que sopla fuerte y él se pregunta: «Pero ¿dónde está?, ¿dónde está?».

La historia de Maicol y de su madre, Sandy, conmovió a todo el pueblo. Sandy había cuidado siempre de sus dos hermanos gemelos como si fueran sus hijos. No le quedó mucho tiempo para disfrutar primero de la infancia y después de la adolescencia. Su vida transcurre con relativa normalidad hasta el día en que conoce a un chico del que se enamora perdidamente. Massimiliano, ese es su nombre, también adora a Sandy, pero el pobre ha perdido el trabajo y se esfuerza por salir adelante. Aunque tiene una casita en un pueblo cercano, para la familia de la chica no es suficiente. Cuando Sandy se queda embarazada, empieza a pensar que en la casita podrían comenzar una vida en común. Pero una noche Massimiliano se encuentra mal, tiene fiebre y no puede respirar. La ambulancia lo traslada al hospital, donde ingresa inmediatamente en la UCI. Sandy no volverá a verlo. Él fallece al cabo de un mes. Estamos en marzo de 2019, la existencia de la COVID todavía no es oficial y nadie se explica su muerte. Maicol es idéntico a él y, a pesar de todo, un niño alegre, abierto a la vida. Espabilado e inteligente. Iba a ser una anomalía y, en cambio, es el fulcro de la familia. Así es la vida. Le dicen que su papá está en el cielo, en una nube. Él es feliz sabiendo que está allá arriba y le sonríe con sus ojos de pillo. Un día en que comemos todos juntos en el jardín, cuando estamos a punto de lanzarnos sobre los espaguetis, se levanta y, muy serio, se lleva un dedo a los labios:

—Chis.

—¿Qué pasa, Maicol? —pregunta su madre.

—Ahí está papá —responde, señalando la nube estampada en el mantel, en el centro de la mesa—. Chis...

Pedidos de hoy: *La grammatica dei profumi*, de Giorgia Martone; *La fabuleuse histoire des légumes*, de Évelyne Bloch-Dano; *Un appartement à Paris*, de Guillaume Musso; *L'acqua del lago non è mai dolce*, de Giulia Caminito; *Il bosco del confine*, de Federica Manzon, y *Sed*, de Amélie Nothomb.

19 de marzo

Hoy es el día del Padre, del *pappà,* como lo pronunciamos aquí. Las nubes se han concentrado sobre Lucignana; parecen querer decirnos que todos los padres que se han ido están hoy repantingados encima de ellas, pendientes de si los vivos aún los quieren. Pero ahora el cielo se ha despejado y reina un silencio de paz. Hay una foto de Maicol en el perfil del Facebook de su madre, en la que, sentado en un peldaño, contempla una maceta como si estuviera viva. Sabe que su padre está cerca porque en el mantel hay algunas nubes rodeadas de ramilletes de florecitas y él presta atención a los detalles. Podría haber un papá, el suyo también, por los alrededores.

Por mis inmediaciones, en cambio, merodea un *hater*. Él, expperiodista de un prestigioso grupo editorial, que ha dejado Milán y vuelto a Florencia, me describió hace alrededor de una semana de la siguiente manera: «La reputada poetisa Alba Donati, cisne de Lucignana y Gertrude Stein de nuestros lares, onusta de glorias literarias, de medallas al valor y complicidades feministas, de amistades influyentes y de cargos públicos que confieren a quienes los desempeñan una sobredosis de credibilidad...». ¿Qué mal había hecho yo? Había dicho en Facebook a un amigo que se había metido en una polémica mediática que no se llama «zorra» a una mujer, aunque esta sea fascista, sobre todo desde los micrófonos de una emisora radiofónica. El retrato que hace de mí el defensor de mi amigo es una página de la historia de las mujeres, un intento de cubrirnos de fango que revela un machismo sin igual. El hacha sangrienta entre los dientes, el uso del desprestigio sin pruebas fehacientes... Pero lo que más me llama la atención de su retrato es que me defina como «la Gertrude Stein de nuestros lares». Habría podido decir la Virginia Woolf o la Karen Blixen, no la Gertrude Stein. Quizá se confundió y quiso decir la George Sand de Nohant,* lugar de la campiña francesa donde la escritora vivía y confeccionaba sus herbarios. En ese caso sí que habría dado en el clavo, porque comparto con ella la obsesión por las flores y el jardín y los arrebatos adolescentes. Como Maicol, miro las macetas igual que si fueran lámparas de Aladino y escucho *Ce que disent les fleurs*. Estimado detractor, no te hagas el chulo, que lo digo en serio.

En la primera página de su libro, Shaun Bythell empieza advirtiendo de qué pasta está hecho. Remitiéndose a las observaciones de George Orwell sobre su experiencia como dependiente de una librería de viejo, se considera «cascarrabias, intolerante y misántropo», igual que muchos libreros. Se describe como un hombre muy antipático, lleno de *haters* en las redes sociales.

Pues yo no. No soy cascarrabias ni intolerante ni misántropa. Soy curiosa, alegre y positiva. Miro de refilón las bolsas de las clientas para saber qué han comprado, hago té para todas y soy una buenista. Subir el tono siquiera de la propia conciencia me precipita a una suerte de desorden espiritual. La vanidad es el peor de los defectos. Y pasar horas mirando una maceta para saber si

* Juego de palabras entre «noantri» —«La Gertrude Stein de noantri»—, adaptación en dialecto popular romano de *noialtri* (nosotros) y Nohant, localidad francesa donde se encuentra la casa de George Sand. *(N. de la T.)*.

está bien, si necesita algo, si me habla, como hace Maicol, como hacía George Sand de Nohant, me da la vida.

Pedidos de hoy: *Qualcosa*, de Chiara Gamberale; *Les villes de papier*, de Dominique Fortier, y *Rosa cándida*, de Auður Ava Ólafsdóttir.

22 de marzo

Son las seis de la mañana; el fin de semana ha volado con ocho visitas a la librería, un sol magnífico y un frío polar. Menos mal que ha habido muchos encargos digitales.

Donatella no ha venido porque está ocupada en una venta de calzado para niños que ella misma ha organizado. Tiene en el sótano la mercancía restante de una tienda que abrió hace tiempo con su hija, una zapatería demasiado elegante para estos parajes y que cerró al cabo de tres años. Ahora, con lo que le queda, hace felices a las madres famélicas que se demoran eligiendo colores y números para hijos y sobrinos. Pero ella es una mujer fuerte y lo lleva muy bien.

Ayer solo chateamos. Le envié un corte de pelo que le quedaría muy bien. Donatella se casó con uno de fuera; conoció a Graziano en una discoteca, hace treinta y cinco años. Él es un emiliano de una pieza, abiertamente machista y lo bastante inteligente para dejarse tomar el pelo por ese motivo. Siempre le canto una canción de Lucio Battisti: «Ah! Donna tu sei mia. / E quando dico mia / dico che non vai piú via». La verdad es que, como dice Ernesto, Graziano sigue en la luna de miel. En efecto, es raro ver a una pareja tan enamorada.

Donatella tiene dos años menos que yo, una diferencia que cuando éramos niñas me parecía un abismo. La manera en que concebimos el tiempo en la infancia es la prueba de que el tiempo es un concepto relativo. Cuando yo tenía trece años, llegaron de Australia el tío de Donatella y el hijo de este, Silvano, de dieciocho. Fue un verano fantástico. Nos encerrábamos en el sótano y bailábamos rock and roll. Él estaba enamorado, a mí me complacían sus atenciones, su amabilidad; yo tenía un casete, él las cintas de Elvis Presley, y bailaba divinamente. No sabíamos que el estribillo que nos volvía locos pertenecía a una canción norteamericana destinada a que los niños memorizaran los números: «One for the money, two for the show, three to make ready and four to go». A nuestro alrededor giraban las pequeñas: Donatella, Luana y Tiziana. El baile de John Travolta y Uma Thurman se queda en nada al lado de los nuestros. Yo llevaba minifaldas y empezaba a lucir algo parecido a las curvas.

En cualquier caso, el verano de 1973 fue muy divertido. Empezó con la inauguración del World Trade Center, un acontecimiento que no nos tocó de cerca, y concluyó con un 11 de septiembre que, en cambio, causó un gran impacto en mis jóvenes células: el golpe de Estado en Chile, la subida al poder de Pinochet y el suicidio de Allende. Nosotros bailábamos despreocupadamente en el sótano transformado en sala de fiestas.

Al año siguiente, Silvano volvió convencido de que tenía novia en Lucignana, pero yo ya no estaba por la labor. Donatella no me lo ha perdonado.

Hoy es lunes y viene Alessandra. Me colma de alegría solo pensar en nuestra conversación habitual.

«Ale, ¿me preparas el desayuno, por favor?».

«Sí, pero que sepas que tocas los cojones muy temprano».

Me encanta. Hoy iremos a ver la que ha liado un rayo que cayó en casa de Mike. Si llegaran los calcetines de Israel, todo sería perfecto.

Pedidos de hoy: *Apprendista di felicità*, de Pia Pera; *Infancia. Adolescencia. Juventud*, de León Tolstói; *Por qué se cuece el niño en la polenta*, de Aglaja Veteranyi; *Me muero por ir al cielo*, de Fannie Flagg, y *Peter Pan*, de James Matthew Barrie.

23 de marzo

Esta mañana, a las siete, he ido al Piazzolo, donde está el aparcamiento, a fotografiar la masacre. Han talado todos los árboles que lo rodeaban: tilos, castaños, abetos y acacias. A la pregunta «¿Por qué?» me han respondido que «Hay una ordenanza del ayuntamiento» y que «Los árboles son de la curia». Una respuesta tajante al problema de los árboles peligrosos para los coches aparcados. ¿Para qué podar, sopesar y conservar? Se tala y punto. El camino hacia la protección del medioambiente y la conservación de la belleza es un camino continuamente interrumpido.

He hecho un par de fotos, he recogido unas cuantas astillas para encender el fuego y he vuelto a casa. Me acordaba de los días que precedieron a la apertura de la librería, cuando Tina llegó de Milán y juntas ideamos las categorías y las áreas temáticas, pegamos cartelitos y adhesivos, y colocamos carteles en los estantes. Tina no pertenece a mi «antes», pero tampoco a mi «después» (me refiero a la librería), es como si siempre hubiera estado ahí. Es una persona de mi «durante». La conocía de oídas desde hacía tiempo y un día, en Mantua, la vi pasar zumbando en bicicleta bajo el sol de septiembre. Vaqueros y blusa blanca, impoluta y esencial. No sé cómo fue, pero congeniamos.

Un día del verano pasado entra en el jardín una mujer muy guapa vestida con los tonos que me gustan. Me dice que es la madre de Tina.

«El hecho de que sean amigas me conmueve —dice—. Le he traído una planta».

Sé que a esa emoción subyace un secreto, pero no quiero conocerlo; riego la planta a diario y punto.

Un fin de semana del año pasado, Tina estuvo aquí como «librera por un día», una iniciativa que repetiré en cuanto pase la pandemia. Fue excepcional: narraba los libros hipnotizando a los lectores, lo vendía todo. Me acuerdo de una señora mayor, una profesora de italiano jubilada, que cogió una silla y la colocó en el centro de la librería. Durante una hora no paró de hacerle preguntas. Una confrontación de máximo nivel. Tina debería ocuparse de plantas, de los detalles que desfiguran una calle, una casa o un muro. Ella sabría qué hacer, hasta sería capaz de tocar un nocturno con caños de desagüe, querido Vladímir Vladímirovich Maiakovski.

Los calcetines todavía no han llegado, pero si me entregan la pintura azul *cottage*, me pondré a pintar las tumbonas. Poco a poco te iré embelleciendo, querido jardín, a la espera de que alguien se siente, olfatee, fotografíe, hojee, pregunte y entorne los ojos, feliz.

Pedidos de hoy: *Orgullo y prejuicio*, de Jane Austen; *Antes que se enfríe el café*, de Toshikazu Kawaguchi; *Bella Vista*, de Colette, y *Occidente per principianti*, de Nicola Lagioia.

26 de marzo

Vivimos días de desbarajuste, entre mi madre, cada vez más exigente, el descubrimiento de la variante inglesa de la COVID en la clase de Laura —con los consiguientes trámites burocráticos demenciales para hacerle el test PCR—, despachar los pedidos y acompañar a mi padre a vacunarse. Por suerte, alrededor del sendero de piedra la hierba crece y eso me produce mucha satisfacción.

A las siete de la mañana ya estoy en el jardín, inclinada sobre la tierra para observar de cerca el crecimiento. A las plantas hay que hablarles, como hacía George Sand de pequeña, y quizá también de mayor. Hay que despertar al trébol del sopor subterráneo, prometer a las violetas que nadie las pisará, reñir a las gandulas peonías, que el año pasado no quisieron florecer. Ahora están naciéndoles brotes rojos, lo cual es buena señal.

Entretanto, el aspecto del Piazzolo es desolador. Los abetos abatidos, los troncos solitarios, los tocones que testimonian la falta de amor de los hombres. Me gustaría pegar un ejemplar de *La vida secreta de los árboles*, de Peter Wohlleben, en cada árbol cortado. Una instalación de *land art*. De hecho, lo haré.

Mi padre me ha contado que plantó esos árboles con sus compañeros de primaria y que cada uno representaba a un caído de la Primera Guerra Mundial. Pero quien dio la orden de talarlos no lo sabía, quizá porque ni siquiera los había visto: los exterminó para zanjar el asunto, para quitarse de encima el problema.

En Lucignana hay una *marginetta*, una pequeña capilla dedicada a la Virgen, probable refugio de viandantes y lugar de recogimiento y oración. Está al margen del pueblo (como indica su etimología), a doscientos metros de la casa de Donatella, al final de una avenida de abetos, camino del eremitorio. A pesar de las malas condiciones del adoquinado, cuando te asomabas desde lo alto la vista era extraordinaria: un cono de abetos con la capilla al fondo. Ahora ese paisaje ha desaparecido. Nadie da explicaciones. Pero no nos resignaremos.

Pedidos de hoy: *Bottled Goods*, de Sophie van Llewyn; *La gioia di vagare senza meta. Piccolo eserciziario della flânerie*, de Roberto Carvelli; *Italian life*, de Tim Parks; *Una casa en el fin del mundo*, de Michael Cunningham; *Absolutely Nothing. Storie e sparizioni nei deserti americani*, de Giorgio Vasta y Ramak Fazel, y *Senza polvere senza peso*, de Mariangela Gualtieri.

27 de marzo

La buena noticia es que han llegado los calcetines, y ya están a la venta. Pero he puesto una condición para quien quiera comprarlos: combinarlos con un libro. La idea ha sido acogida con entusiasmo. Entre otras cosas, hoy he elegido a mi «lectora ideal». Vive en Milán, no la conozco y nunca ha estado en la librería, pero nos sigue desde hace tiempo. Se llama Raffaella. Es curiosa, transgresora, atenta y elegante. Ayer envió un mensaje con la foto de la cubierta de la novela de Peter Schneider *Die Lieben meiner Mutter*.

«Buenos días, la he buscado en vuestra web, pero no la encuentro».

«En efecto, todavía no la hemos subido».

«Ah, vale. ¿Se puede añadir?».

«Claro que sí».

«Gracias, tengo esta clase de manías, pero siempre sigo tus consejos».

«Espero que te gusten».

«Muchísimo..., y me encantan las *stories* con las que ilustras los libros».

(Envío de fotos de calcetines con texto de Jane Austen, modelo blanco y beis).

«Perdona, ahora veo que *Bottled Goods*, de Sophie van Llewyn, se ha agotado. ¿Quieres que lo encargue o prefieres cambiarlo por otro libro?».

«¿Cuál me aconsejas?».

«Espera un momento».

«De acuerdo, no tengo prisa».

(Envío de las cubiertas de *La petite conformiste*, de Ingrid Seyman; *Valentine. Amor y furia*, de Elizabeth Wetmore; *Un árbol crece en Brooklyn*, de Betty Smith; *Aprender a hablar con las plantas*, de Marta Orriols, y *L'istante largo*, de Sara Fruner).

«Sabía que acabaría pasando esto: me gustan todos. No soy capaz de elegir».

«Te juro que no lo he hecho a propósito».

Hoy es sábado, el lunes toda Italia entrará en zona de alerta roja. La semana que viene es Pascua. Prepararé la instalación de *land art* y cocinaré asados y cremas de verduras. Mientras tanto, esperaré el resultado del primer test de Laura.

Pedidos de hoy: *La petite conformiste*, de Ingrid Seyman; *Valentine. Amor y furia*, de Elizabeth Wetmore; *Un árbol crece en Brooklyn*, de Betty Smith; *Aprender a hablar con las plantas*, de Marta Orriols; *The Better Sister*, de Alafair Burke, y *Les villes de papier*, de Dominique Fortier.

28 de marzo

Mis días siguen sin gustarme, es como si hasta ahora no me hubiera percatado de que estamos en plena pandemia, de que nuestra vida ha cambiado, de que nos rodean la incertidumbre y el miedo. Los autónomos del sector cultural se han quedado sin ingresos, la gente se despide y vuelve al pueblo, si lo tiene.

Aquí, en Lucignana, uno no se muere de hambre. Adriana nos trae huevos; Francesca, anchoas marinadas y patatas; Tiziana, carne rebozada, *frittelle* y dulces de la cafetería De Servi; Donatella, minestrones de su madre, Evelina, y la leña la cojo yo en el cementerio de los árboles cortados. Es más que suficiente para sobrevivir. Ayer, Donatella llegó con dos ramos de tulipanes de color rubí brillante. Así es Lucignana, está en su cultura: compartir, ser un hogar en que las calles son los pasillos y las casas, habitaciones. Quizá superé mi infancia porque en realidad tenía un hogar.

Mañana, Domingo de Ramos, abriré la librería. Hoy fueron tres personas a por los calcetines, largos y cortos. Pero a partir del lunes, se acabó la librería, nos encerramos en casa a hacer galletas. Espero con ansiedad el resultado del test de Laura. En Semana Santa vendrá con Mirto, el Celentano de la raza canina, y quizá también con la conejita. Menuda aglomeración.

Se ha publicado un libro que estoy impaciente por leer: *Lanny*, escrito por Max Porter. Un niño, un pueblo, magia, plantas, claros en el bosque, cortezas y flores. Porter, como Orwell, Lethem y Bythell, ha sido librero. Una referencia más que suficiente.

A ojo de buen cubero, podría ser mi libro de 2021, como *Ordesa*, de Manuel Vilas, lo fue de 2020. *Ordesa* es un libro que, a partir de la muerte de los padres del narrador, te enciende un fuego de vida en la cara. Si pienso en el padre de Manuel, veo al mío. El traje de hilo claro de las grandes ocasiones y una elegancia innata para gestionar las catástrofes económicas. Representante de telas en España el uno, contratista el otro. Corrían los años setenta, ambos eran los primeros de su familia que se inventaban un trabajo. Si un día conozco a Vilas, le contaré cómo estafaron a mi padre.

Su error consistió en no contratar a una secretaria (fue un error garrafal creer que podría serlo yo). Lo hacía todo solo: la jornada en las obras, las nóminas de catorce obreros y las cuentas por las noches, sobre la mesita del salón. No era vida. Si además se topaba con un petimetre que no pagaba, ay de él. Horas haciendo pasillo, esperas inútiles y humillaciones crueles. Pobre hombre, tan bueno y justo que no habría hecho daño a una mosca. En un momento determinado, querido Manuel, había acumulado una deuda con los bancos, pero tenía un as en la manga: una nave industrial en la carretera provincial de Lucca. Un enclave suculento para quien deseara exponer sus productos. En efecto, unos que querían abrir un concesionario estaban dispuestos a darle cuatrocientos cincuenta millones de liras o, lo que es lo mismo, un millón de euros de hoy. Pero... Sí, hay un pero. Mi padre tenía un abogado que se tomó la molestia de informar a esos señores de que si esperaban unos días podrían comprarla en subasta. Qué simpático, ¿verdad, Manuel? Y ellos esperaron.

Pero eso no es todo. El abogado convocó a mi padre para hacerle firmar su sentencia (la subasta entraba en vigor al día siguiente) y en cierto punto sacó el conejo de la chistera. Le dijo a mi padre que había encontrado una empresa dispuesta a ayudarlo: pagarían sus deudas con el banco a cambio de todos sus bienes (que en aquella época ascendían a dos mil millones de liras); luego, naturalmente, tras pagar al banco, proponían repartirse lo que quedara. Aunque creo que mi padre ni siquiera lo entendió, pero firmó. La empresa se llamaba S.U.A. y, en efecto, era «suya», del abogado. En el contrato no constaba nada de lo que le había dicho a mi padre, solo contemplaba la adquisición de los bienes, pero no su reparto posterior. Y fue así, querido Manuel, como mi padre, con su traje de hilo claro, lo perdió todo. Es cruel ver la derrota en los ojos de un padre. Pero me vengué un poco. Le pusimos un pleito a dos de los acreedores que lo habían humillado tanto como habían podido y lo ganamos. Al abogado no, murió forrado, con su villa llena de obras de arte valiosas y un atisbo de arrepentimiento. Manuel y yo lo agradecemos. Barbastro, como Bagni di Lucca, tiene sus trampas narrativas.

Pedidos de hoy: *La sposa irlandese*, de Maeve Brennan; *Cortile Nostalgia*, de Giuseppina Torregrossa; *Questo giorno che incombe*, de Antonella Lattanzi; *Noches azules*, de Joan Didion, y *Mi vida querida*, de Alice Munro.

29 de marzo

Ayer estuve sola en la librería; hacía mucho sol y, aunque no esperaba a nadie, recibí visitas. Ya se sabe, es más difícil que se desplace alguien que vive al lado que alguien que procede de lejos. Cuanto más cerca está una cosa, más inalcanzable se antoja. Si está lejos, en cambio, es como un viaje, una excursión, una experiencia. Me acuerdo de lo que nos reímos en Fenysia con la anécdota de una chica que llamó para informarse sobre el curso de traducción de Tim Parks. Al curso, que iba dirigido a traductores de obras literarias del italiano al inglés, se habían apuntado personas de toda Europa e incluso de Estados Unidos. La chica, después de haber recabado toda la información y enterarse de que el curso se impartía en Florencia, comentó que le quedaba demasiado lejos porque vivía en Livorno. El tiempo y el espacio son conceptos relativos.

Del mismo modo, han visitado la librería más personas de Sicilia y de Trentino que de Calavorno o Ghivizzano, que están a cuatro kilómetros. Aunque esta pandemia ha sacado de sus madrigueras incluso a los vecinos, y de vez en cuando algunos se dejan caer por aquí.

Ayer trajeron por primera vez a Maicol, que tiene dos años. Me gusta que los niños sepan que en Lucignana, además de correr, montar en bicicleta y jugar al escondite, se puede ir a un lugar donde hay cocodrilos, rinocerontes, ratones, gatos, dinosaurios, piratas y princesas. Hemos sabido que Noemi espera un varón, así que, con Maicol, Diego y Samuele, vamos cuatro a cero. Ahora nos falta conocer el sexo del segundo hijo de Fabio y Federica.

Esta semana me dedicaré a terminar el parque infantil, elegiré los juegos y se lo comunicaré al ayuntamiento; trataré de incluir al menos una torre con tobogán, un columpio y una cama elástica, para mayo.

Otra cosa que tengo pendiente en cuanto amanezca es pintar las tumbonas y la butaca redonda. He comprado una pintura entre verde y azul petróleo para variar sin romper la escala cromática de la cabaña.

El césped y las flores están creciendo. Arriba de la capillita, los tocones cortados por la mano humana se quedan solos como la una. Pero lo más triste es que a la gente le da igual. «Venimos de los árboles, de los ríos, de los campos, de los barrancos. Lo nuestro fue siempre el establo, la pobreza, el hedor, la alienación, la enfermedad y la catástrofe. [...] Si Dios o quien fuese nos ofreciera el paraíso, en cuatro días [...] lo convertiríamos en una zolle», escribe Vilas. No todos, para ser sinceros. También hay personas tiernas como Lanny.

Pedidos de hoy: *Gli anni al contrario*, de Nadia Terranova; *Lady Susan*, de Jane Austen; *House of Splendid Isolation*, de Edna

O'Brien, y *La bambina che somigliava alle cose scomparse*, de Sergio Claudio Perroni.

30 de marzo

Ya han llegado. Ayer vi tres en la plaza; levanté la vista y allí estaban, con aspecto cansado, pero felices de estar en casa. «Vide... vide... videvitt», charlaban, buscando su calle, su dirección exacta. En el Vicolo Sopra la Penna, donde las obras se retrasan, les esperaban sus casas encajadas entre las vigas, en las que entraron soltando grititos. Cerré la puerta para espiarlas mejor y andaban en conciliábulos, hablaban deprisa, exaltadas, con un deje de polémica, quizá. De la mano de Pascoli, en el colegio aprendimos la palabra *onomatopeya*. Una palabra fea para decir una cosa muy bonita. *Armonía imitativa* es mejor. Y en cuestión de armonías, Zvanì era un príncipe. Ese «Vide... vide... videvitt» encierra la chispa de lo imprevisto. Las golondrinas hablan como nosotros, pero parece que nacieran con la nota de la eterna juventud.

Ayer recibí unos pedidos preciosos. Es increíble lo bien que funcionan las redes sociales para activar a los lectores. Si guardas silencio, ellos también suelen guardarlo; si muestras la foto de una caja regalo, llueven los pedidos. Las redes sociales se han convertido en el equivalente de las reuniones de la redacción, en las que cada mañana se programa la jornada. Publicar una entrada para empezar el día es la nueva forma de decir: «Si quieres un buen libro, si tienes que hacer un regalo o deseas hacértelo, aquí estoy yo, alguien sobre cuya cabeza revolotean las golondrinas a partir de hoy; a ver si encuentras otra librería que posea una imagen más cualificada».

También he pintado las tumbonas, el césped crece y el melocotonero florece. Ayer estábamos a veintisiete grados y me puse el vestido de muselina de algodón azul y las irrenunciables Birkenstock (pero, ojo, de color fucsia). Tuve una reunión por videoconferencia con el alcalde de Florencia y con mi amigo Tommaso, que ahora es asesor de Cultura. Orden del día: el recorte de las financiaciones del Gabinetto Vieusseux. Madre mía, qué pálidos y estresados estaban. Me preocupan, son jóvenes y lo dan todo. Yo también era así, pero no quiero seguir siéndolo. Ahora soy una niña de verdad, como Pinocho (nunca he sabido si Pinocho me gustaba más antes o después).

Edward Carey es un escritor al que he seguido mucho, hasta convertirme en su amiga. Es un autor y un dibujante grandioso, con un trazo plomizo dickensiano y un rasgo oscuro posgótico rebosante de ternura. Hace dos años le propuse que revisara *Pinocho*, fábula que él mencionaba a menudo. Con su entusiasmo habitual, se sumergió en el vientre de la ballena para descubrir cómo pasaba el tiempo Geppetto allí dentro, a oscuras, él solito. En sus manos, Pinocho se ha convertido en un manual de supervivencia, una fábula sobre el poder de los recuerdos, del pasado, para mantenernos con vida. Publicamos un libro y organizamos una exposición en la Fondazione Collodi, tenebrosamente ambientada por Valeria.

La traducción de Sergio Claudio Perroni fue, como siempre, perfecta. Edward es un inventor de palabras, las amasa, las crea con las sobras de las viejas, y Sergio es su voz italiana. Pongamos, por ejemplo, la trilogía de los Iremonger, que todo el mundo debería leer: *Heap House*, *Foulsham*, *Lungdon*. *Lungdon* es la palabra en la que resuenan más cosas. Es Londres, pero un Londres enfermo, con los pulmones ennegrecidos por el deterioro ambiental. Una ciudad que Sergio, con una de sus formidables ocurrencias, transforma en Lombra. Escribe Edward Carey:

Londra *is the Italian word for London and he titled the book* Lombra *which, while nodding to the city perfectly, is also the Italian word for* shadow. *That is pure Perroni, confident, dark and pitch perfect. Changing a word but illuminating it, making an exact connection between my English and his Italian.*

Entretanto, nuestro *Pinocho* se publica en Inglaterra con el título *The Swallowed Man*, y veo en la red que, además de Margaret Atwood, uno de sus mayores admiradores es Max Porter. Es evidente que la armonía imitativa, también llamada «magia», gira, se arremolina y pasa de nuestras indicaciones. «Vide... vide... videvitt».

Después de tanta armonía necesito que llegue Alessandra, con su pitillo a primera hora de la mañana, su aire de mandamás de barrio y una palabrota cada dos por tres. Si ayer no hubiera estado aquí para cambiarme el tóner de la impresora, no sé qué habría hecho.

Pedidos de hoy: *Cartas*, de Emily Dickinson; *Le Peintre d'éventail*, de Hubert Haddad; *La puerta*, de Magda Szabó; *Aquella tarde dorada*, de Peter Cameron; *La apariencia de las cosas*, de Elizabeth Brundage; *Dai tuoi occhi solamente*, de Francesca Diotallevi, y *Tomates verdes fritos*, de Fannie Flagg.

Abril

1 de abril

Ayer me llegó un mensaje de Vivian Lamarque: «Estoy leyendo tu poema "Camminavo sotto i platani" del maravilloso librote *La poesia degli alberi*».

Y añade: «Con aquella U tan solita».

Y concluye: «¡Imagínate que estás entre los plataneros cerca de Valéry y que, en orden alfabético, te siguen "Ecología" y "Flores"! ¡Como en el bosque!».

Ah, la bendita ironía, esa ligereza que a mí me falta y que a Vivian le sobra. Esa ironía típicamente femenina que te invierte las jerarquías en las narices con una coma o un detalle que podría pasar inadvertido. La maravilla de escribir:

> *P. D.: Somos poetas.*
> *Ahora que estamos vivos*
> *queredнos más.*
> *Muertos, menos.*
> *Total, no lo sabremos.*

Nosotros, los lectores del siglo XX, que nos habíamos acostumbrado a la ironía de Montale como manifestación del desapego, del desinterés por las cosas de la vida, nos sobresaltamos. Después llegó Wisława Szymborska, ganó el Premio Nobel, y quienes se habían burlado de la anciana señora de nombre impronunciable que vivía en una residencia para escritores también lo entendieron.

Que me disculpe el árbol talado por las cuatro patas de la mesa.
Que me disculpen las grandes preguntas por las pequeñas
[respuestas.

Una melodía suave que nos traslada de donde estamos para que miremos desde otra perspectiva, la de seres humanos confundidos entre la multitud de seres humanos, convertidos en uno cualquiera, desplazados del centro de la escena y esparcidos al azar como en el mikado. Y como en el juego, alguien que se salvó antes que nosotros de esa maraña que es la vida nos extraiga uno a uno. Hay que poner mucha atención porque basta un gesto o un tono equivocados para que todo acabe. Yo suelo emplear un tono equivocado, tengo serios problemas con el registro irónico.

Pedidos de hoy: *La sposa irlandese*, de Maeve Brennan; *Cortile Nostalgia*, de Giuseppina Torregrossa; *Questo giorno che incombe*, de Antonella Lattanzi; *Si esto es un hombre*, de Primo Levi, e *Il cuore non si vede*, de Chiara Valerio.

2 de abril

Mañana llega Laura con Mirto y la conejita Pesca. Llega la alegría y el caos. Los test salieron negativos. Lucignana resiste. Ni un carnet del partido fascista ni un caso de COVID, por ahora.

Ayer revolucioné el orden jerárquico en la librería. Ya que vendo muchos más libros de mujeres que de hombres y hay quien me culpa de ello porque coloco a las escritoras en los estantes de arriba, y dado que Alberto Manguel certifica que los visitantes solo ven lo que tienen a la altura de los ojos, he desplazado las novelas escritas por hombres al estante contiguo a las escritas por mujeres. Veremos qué ocurre. Han pagado el pato los libros de viajes, que han terminado a ras del suelo, pero, en realidad, esos tienen su público, que los buscan y encuentran prescindiendo de su posición.

Por ahora, pintar sillas, plantar flores y cambiar libros de sitio es un ejercicio de meditación. Me recuerda a cuando era niña y preparaba meticulosamente, en el desván de las escaleras a medio acabar, la clase para mis alumnos. Distribuía diez cuadernos en el suelo, añadía lápiz y goma, corregía los deberes y comentaba las notas. Estaba tan convencida de que todo era real que en mi recuerdo logro incluso ver los pupitres que, como es natural, no había. Aquel desván lleno de abrigos viejos, de arañas y de trastos acumulados por mi madre, por el gusto de guardarlo todo, era mi *loft* neoyorquino. Allí también llevaba a mis amigas a cantar las canciones de Sanremo. Nos encantaba imitar a los Ricchi e Poveri. Luisa y Anna dictaban la ley en el pueblo. También estaba Alda, a la que aceptaban o excluían en mi lugar.

Nos queríamos y nos lo pasábamos genial, a pesar de aquellas pequeñas trastadas de niñas abusonas que marcan todas las infancias. Por ejemplo, si dábamos por descontado que Luisa hiciera de Angelo, el guapo de Ricchi e Poveri, yo de Marina, la guapa del grupo, y Anna, que era la menor, de la morenita, por desgracia también dábamos por hecho que Alda fuera Franco, el menos agraciado. Luisa y Anna llevaban el pelo muy largo recogido en trenzas que eran el sueño de todas las niñas. Alda, regordeta e infinitamente buena, era la más sacrificada. Quedaba excluida del grupo y los juegos según el inapelable juicio de Luisa y Anna, destino que también yo sufría a menudo. Entonces lo llamaban «capricho». Hoy día existe una expresión para eso: «acoso escolar». Pero la consecuencia es la misma: hay una víctima, una niña que sufre.

Alda se casó pronto y tuvo dos hijos, Elena y Alessio. Murió repentinamente en el sofá de su casa, mirando la televisión al lado de su madre. Contaba cuarenta y dos años. Siempre me acuerdo de ella, ahí reside la fuerza de nuestro pueblo: Lucignana tiene ciento ochenta habitantes más Alda, Roberto, Paolo, Bruno, Maria Pia, Franca, Maria Grazia y Simonetta. Lo expresa con claridad Emanuele Trevi en *Dos vidas*:

> Vivimos dos vidas, ambas destinadas a acabar: la primera es la vida física, hecha de sangre y carne; la segunda, la que se desarrolla en la mente de quienes nos han querido. Cuando muere la última persona que nos conoció de cerca, desaparecemos realmente.

Estoy convencida de que en los pueblos la memoria se conserva más tiempo porque nuestros actos se quedan atrapados en las piedras, la tierra y el bosque. Sé que Dora, que murió antes de que yo naciera, vive en casa de Donatella. Alda, en una casa llena de niños, a dos pasos de allí, como le gustaba. Y perdónanos por el narigudo de los Ricchi e Poveri, te juro que la próxima vez me toca a mí.

Pedidos de hoy: *Il giardino che vorrei*, de Pia Pera; *Vita*, de Melania Mazzucco; *El mapa de las prendas que amé*, de Elvira Seminara; *Stai zitta*, de Michela Murgia; *Mandami tanta vita*, de Paolo Di Paolo, y *El bosque de la noche*, de Djuna Barnes.

3 de abril

Ayer, mientras escribía, caí en la cuenta del significado del libro de Emanuele. Quizá todo el mundo lo tenía claro, pero yo lo viví como una iluminación. Las dos vidas a las que se refiere el título no son solo las dos vidas que se cuentan, las de sus dos amigos, Pia Pera y Rocco Carbone, que ya no están con nosotros. La segunda vida a la que se refiere es la que los vivos garantizamos a los muertos, al menos mientras existimos. Él les otorga esa segunda vida, que es la memoria. Es más, los que ya no están entre nosotros vuelven a vivir, a actuar y a opinar en los libros. Escribe Trevi:

> De una cosa estoy seguro: mientras escribo, y hasta que siga haciéndolo, Pia estará aquí. [...] Deduzco, pues, que escribir es un método especialmente bueno para evocar a los muertos, y aconsejo a quienquiera que sienta nostalgia de alguien que haga lo mismo, que no lo piense, que lo escriba; pronto se darán cuenta de que los muertos, atraídos por la escritura, siempre encuentran la manera de aflorar inesperadamente en las palabras que les dedicamos. No somos nosotros quienes pensamos en ellos, son ellos quienes se manifiestan por voluntad propia.

Son las ocho de la mañana; ahora debo correr al jardín a respirar el aire luminoso procedente de Prato Fiorito, vigilar el crecimiento del césped, de las peonías, del melocotonero en flor. También tengo una caja de libros por abrir, lo cual es siempre una gran alegría. Así mato el tiempo mientras espero a Laura.

Pedidos de hoy: *Las lealtades*, de Delphine De Vigan; *L'istante largo*, de Sara Fruner; *En los bosques de Siberia*, de Sylvain Tesson, y *Paisaje con grano de arena*, de Wisława Szymborska.

4 de abril

Mi padre comió con nosotros el domingo de Pascua. Mi madre, en un santiamén, pasó de mascullar frases de moribunda, de sus medias palabras ancestrales, ecos de ultratumba, a aletear y soltar grititos. Se había puesto una falda de terciopelo negro, más bien corta. Estaba muy elegante.

Comimos lasaña hecha por Luisa y su madre, que es una cocinera excepcional, *sformato* de calabacines y asado con patatas al horno. Cuando mi padre se fue, mi madre, dirigiéndose al pobre Ernesto, que en mi opinión estaba un poco celoso, dijo: «¿Has visto qué guapo es mi marido?». En ese momento, el tema quedó zanjado bruscamente.

Yo me pasé el día persiguiendo a Mirto, que en cuanto se le presentaba la ocasión se escapaba y, literalmente, surcaba las calles de Lucignana con sus atléticas zancadas. En un momento determinado, para detener al animal, que estaba a punto de entrar en la iglesia, tuve que saludar —el pelo recogido con una pinza y en sudadera— a un grupo de lugareños bien arreglados, sobre todo las señoras, maquilladas y de punta en blanco. Laura durmió todo el día, antes y después de la comida. El año pasado tenía un novio de dos metros de estatura, bien plantado. La adoraba. El día triste en que Kiko murió, cavó una fosa a los pies del ciruelo, con tanto ímpetu que parecía una excavadora. La hizo tan profunda que él y sus dos metros de estatura desaparecían dentro. Pero no podía durar. No hacían más que cocinar, comer y dormir. Él había alcanzado la meta y ella ni siquiera había salido.

Aparte de eso, hoy no he podido leer ni una sola página. Bien entrada la tarde, el clima almodovariano se ha apoderado de nosotros: «Te he traído una *colomba* Motta», dice Ernesto. «¿Muerta? ¿Quién ha muerto?», pregunta mi madre; y la televisión transmitiendo el rosario desde Lourdes. Me he levantado y he ido a buscar a Pierpaolo a casa de Barbara y Maurizio. Almodóvar se ha diluido y ha cedido el paso a un moderno *Happy days* iluminado por la luz crepuscular que descendía de los Alpes Apuanos.

Pedidos de hoy: *Mis flores*, de Vita Sackville-West; *Orgullo y prejuicio*, de Jane Austen; *La vida secreta de los árboles*, de Peter Wohlleben; *La fille de Debussy*, de Damien Luce, y *La buscadora de setas*, de Long Litt Woon.

5 de abril

«Buenos días, quería decirle que he recibido su paquete, y que, a pesar de que los libros los he elegido yo, aconsejada por usted, siempre me llevo una sorpresa: el embalaje, el aroma que desprende, las florecitas, las cintas que lo sujetan, todo es maravilloso, realmente maravilloso, y me alegro mucho de haberla descubierto».

Raffaella, de Milán, hace muchos pedidos y sigue con atención mis recomendaciones. Es la lectora ideal, independiente pero receptiva. Tiene un estilo muy personal: cuando recibe el paquete con los libros, interrumpe la costumbre de chatear y me deja un mensaje de voz, con su deje milanés y sus erres guturales. Ella espera el paquete y yo espero el mensaje. Como diría Orwell: ¿me gustaría ser librera de profesión? Sí, sin duda.

Pero quizá no sería lo mismo sin el jardín, Lucignana, Prato Fiorito, el silencio... Quizá esta sea una experiencia extrema del ser librera, una situación idílica y radical que se sustenta por este lugar, en él y en su absurdidad. Una librería para ciento ochenta habitantes destinada al fracaso comercial, según las cifras, que se convierte en librería del mundo, que, contracorriente, rescata a sus semejantes en medio de una tormenta y los acompaña a casa, una casa donde no hay de todo, pero sí lo necesario. Por eso me levanto a las siete, abro, riego, coloco los libros en las estanterías y superviso el crecimiento de las peonías aun sabiendo que nadie vendrá a la zona roja. Lo hago todo «como si» porque un decreto no puede suspender una experiencia radical e idílica. La pasión no tiene en cuenta las metas, se alimenta de su energía interior. ¿Por qué has abierto una librería en un pueblecito desconocido? Porque necesitaba respirar, porque era una niña infeliz y curiosa, por amor a mi padre, porque el mundo se desintegra, porque no hay que traicionar al lector, porque hay que educar a los pequeños, porque a los catorce años lloré la muerte de Pier Paolo Pasolini sola delante del televisor, porque tuve maestras y profesoras extraordinarias, porque me he salvado.

> Buenos días. Soy mujer, esposa y madre. Cumplí cuarenta años en diciembre y trabajo en un hospital desde los veinticuatro, pero me siento como un pez fuera del agua; ya no me identifico con mi trabajo, no me pertenece y hace años que estoy agobiada, inquieta, en busca de mi camino, de reunir el valor para cambiarlo. La pandemia me ha abierto los ojos y me ha empujado a escribirte en busca de consejo. No sé por dónde empezar. Me gustaría montar algo parecido a tu librería, que sea también un centro cultural y de integración social, y quién sabe cuántas cosas más.

Este mensaje en una botella toca un punto crucial de la cuestión: tener cuarenta años, un buen trabajo, y saber que no es suficiente. Quizá esperar la jubilación para, por fin, dedicarse a las aficiones, pero la jubilación llega cuando la salud se va, cuando hemos retrasado demasiado convertirnos en lo que deseábamos. ¿No dice acaso Aleksandr Solzhenitsyn en su terrible novela *Pabellón de Cáncer* que a fuerza de no ser uno mismo «las células del corazón, que la naturaleza ha creado en nosotros para la alegría, se atrofian de no usarse»?

Me viene a la cabeza Massimo Troisi en *Empezar desde tres*, cuando llama en un aparte a Robertino y lo instiga a huir de la casa materna, que él califica de «museo». Salir del museo, hacer locuras, acordarse de que nuestras células fueron creadas para la alegría, no para la jubilación.

John Muir, uno de los fundadores de la primera corriente conservacionista de la historia junto con Emerson, Thoreau y Aldo Leopold, dejó atrás su carrera de ingeniero industrial para emprender un «peregrinaje floreal» de mil seiscientos kilómetros, desde Kentucky hasta el golfo de México, siguiendo lo que le dictaban sus células. De ingeniero, pasó a ser vagabundo. A él debemos la existencia y conservación de los grandes parques norteamericanos.

Pedidos de hoy: *Agathe*, de Anne Cathrine Bomann; *La cena*, de Herman Koch; *Decirse adiós*, de Marcello Fois; *Pariser Rechenschaft*, de Thomas Mann; *Riviera*, de Giorgio Ficara, y *Marguerite*, de Sandra Petrignani.

7 de abril

Faltan ocho días para el aniversario de mi madre, que cumplirá ciento dos años exactos. Las cosas no van bien entre nosotras: ella me hace chantaje, está más terca que nunca; yo me pongo nerviosa, intolerante. Por suerte, tenemos al círculo mágico del pueblo, sobre todo a Ernesto. Su paciencia roza la devoción.

En cambio, Laura, Mirto y Pesca han regresado a Florencia. Ha sido un espectáculo ver lo feliz que Mirto era aquí, sus diez meses de vida galopando sin rumbo por el pueblo, como una suerte de Simarīglū, un dios blanco de alas invisibles. Laura, madura, organizada, protectora y hermosa, con sus azules ojos achinados, también estaba espectacular.

Las malas noticias, sin embargo, son estas: vuelve el frío, lloverá toda la semana, seguiremos en zona roja y la actividad no se reanudará hasta el 2 de junio. Desolador.

Ayer Donatella, Tiziana y yo fuimos a la floristería, donde encontré, medio doblada al lado de una vistosa azalea, una rosa de color malva, mi preferido. La compré. Como dice Vita Sackville-West, autora del jardín más famoso de la literatura, Sissinghurst, no es fácil hablar de las flores. Ella lo hizo en un libro, *Mis flores*, donde da descripciones y consejos acerca de sus veinticinco flores preferidas, más propias de pintores que de jardineros.

Vita tiene una prosa ágil, fresca, ajena al tono «pintoresco» con que a menudo se ha tratado la materia. Describir el color de una flor evitando caer en la mediocridad de la jerga botánica no es fácil, pero ella lo sabe y lo logra. Su punto de referencia, que enseguida se convierte en el nuestro, es Farrer.

Reginald Farrer tenía talento para encontrar especies de flores nunca vistas. En 1914 hizo una expedición al Tíbet y China con William Purdom, otro botánico que ya había recogido plantas en ese país. Volvieron con numerosos ejemplares desconocidos, entre los que se encontraban la *Gentiana*, el *Viburnum*, la *Clematis macropetala* y la *Daphne tangutica*. Muchas plantas adoptaron su apellido en el sufijo. Ninguno de sus libros ha sido traducido al italiano, es una lástima. Vita Sackville-West retoma la descripción de los colores de la genciana que Farrer vio por primera vez:

> En ninguna otra planta [...] he visto semejante explosión de intensidad de color: es como un cielo terso al rayar el alba, penetrante y traslúcido, iluminado desde dentro. Arde, literalmente, sobre el césped como una joya eléctrica, como una turquesa incandescente.

Ahora mi plan del día también echa chispas: me acaba de llamar Tina, que llegará enseguida. Voy a abrir la librería, quiero que la encuentre resplandeciente. Hace sol, todo está listo para darle la bienvenida.

Pedidos de hoy: *Cartas*, de Emily Dickinson; *La memoria de mi nombre*, de Giorgio van Straten; *Last Things*, de Jenny Offill, y *La città interiore,* de Mauro Covacich.

8 de abril

En estos días he releído *La puerta*, de Magda Szabó, que sin duda se coloca entre los cinco primeros libros de mi arbitraria clasificación de los indispensables. La cubierta, fría y geométrica, no logra plasmar la fuerza de la historia que cuenta.

El libro presenta a dos mujeres: una es Magda, la real, la gran escritora húngara; la otra es Emerenc, su ama de llaves. Emerenc es tan sólida como Magda decidida, uno de los personajes literarios más elaborados que hayan existido. *Existir*, palabra apropiada porque ambas fueron reales, y real es su historia. Iré al grano. La jornada en que parte de viaje rumbo a Grecia, donde representará a Hungría en un congreso de escritores y recibirá un premio importante, Magda decide derribar la puerta de la casa donde Emerenc lleva un mes encerrada, desde el día en que el dolor le impide seguir siendo como siempre fue: una mujer que trabajaba como seis hombres. No tiene intención de mostrar su fragilidad. Pero de su piso sale un olor insoportable. Hay que hacer algo. La única que puede convencerla de que abra la puerta es precisamente Magda, aunque sola, en secreto. En efecto, la escritora le dice que no hay nadie con ella, ocultándole que va acompañada por un equipo médico y personal de limpieza. Después de persuadirla con el engaño para que abra, se sube al coche y va directa al aeropuerto sin siquiera entrar. Una traición en toda regla.

En octubre de 1998 fui a Palermo para recoger el Premio Mondello Opera Prima. La llamada de Vanni Scheiwiller para comunicarme que me lo habían otorgado me sacó de la cama a las siete y media de la mañana. Scheiwiller, editor de Ezra Pound y de Montale, se mostró tan entusiasmado que yo no daba crédito. Fui galardonada junto con Javier Marías, Carlo Ginzburg, Philippe Jaccottet y Pietro Marchesani, traductor de Wisława Szymborska. El Premio me adoptó y siguieron invitándome a sus sucesivas ediciones.

En octubre de 2005 llega ella, Magda Szabó. Una mujer menuda y agraciada con ojos de gata. A pesar de su edad, se presenta sola, pero se nota que está cansada. El sábado por la mañana se celebra la rueda de prensa. Habla por los codos, como un río en crecida. Habla de Emerenc, del sentimiento de culpa que ella, Magda, experimenta y del hecho de que traicionó la confianza del ama de llaves. Es increíble que un libro tan perfecto, casi una filigrana, nazca de un dolor tan agudo.

En cuanto termina la rueda de prensa, Magda desaparece. Mi sexto sentido se pone en marcha. Llamo a la recepción y pido que nos encontremos delante de su habitación para tratar de hacerla salir. La ceremonia está a punto de empezar. Nada, la puerta no se abre.

Se había atrincherado dentro como Emerenc y había colocado las maletas contra la puerta. Igual que Emerenc, no quería que la vieran. Acudieron bomberos y ambulancias. Estaba como desmayada. No había nadie que se ocupara de ella, solo yo.

En el hospital, sus compañeras de habitación tratan de consolarla en palermitano cerrado. Al final me da el número de un pariente, que se muestra entusiasmado de que le ofrezcan un billete de avión para reunirse con ella. Me acuerdo de su bigote y de las jarras de cerveza. Entretanto, llega el diagnóstico: isquemia transitoria y estado de confusión debido al cansancio y la edad.

> —Emerenc —proseguí—, si hubiera sido al contrario, ¿usted me habría dejado morir?
>
> —Por supuesto —respondió secamente.

Tras el evento de Palermo, Magda Szabó vivió dos años más, hasta el 19 de noviembre de 2007. Seguí preguntándole por ella al sobrino bigotudo. Su libro se convirtió en una película con Helen Mirren en el papel de Emerenc.

En la red, leo comentarios que afirman que *La puerta* no es un libro autobiográfico. Es cierto, es algo más: una novela de expiación. La escena en que Magda visita a Emerenc en el hospital y le cuenta todas las mentiras que esta quiere oír —que los gatos están en casa, que no ha entrado nadie, que su marido ha vuelto a colocar la puerta, que nadie sabe nada ni ha visto los excrementos, los escarabajos, la comida podrida— es maravillosa. De todas formas, no sirve de nada, Emerenc ni siquiera la mira. Y cuando Magda, afligida, se levanta y se encamina hacia la puerta para irse, oye en un susurro: «Magduska, mi pequeña y querida Magda». Lloré como cuando le sujetaba la mano en el hospital.

Pedidos de hoy: *La luz del atardecer*, de Edna O'Brien; *Alicia en el país de las maravillas*, ilustrado por Rébecca Dautremer; *Alicia en el país de las maravillas*, ilustrado por Helen Oxenbury, y *Little*, de Edward Carey.

9 de abril

Mi Emerenc es Alessandra, sin duda. Es protectora y autoritaria, hay en ella vestigios milenarios, retumban a su paso siglos de historia que ruedan hasta el umbral de casa, bajo sus pies el follaje del bosque cruje. Su casa está en el límite del pueblo, en la zona que llamamos «de Maurilio», que era su padre, pastor, tradición que ha seguido uno de los hermanos de Alessandra, Roberto. Hoy en día suena muy ecologista, pero en los años setenta, cuando ella era niña, seguramente se sintió diferente, como si tuviera que demostrar algo para que la comunidad la aceptara. Tengo la sensación de que fue ella, como Emerenc con Magda, la que me eligió. Ella quien me hizo la entrevista de trabajo y quien me contrató como escritora distraída siempre en las nubes. Pero en las nubes se está bien, hay un continuo vaivén de gente, como Massimiliano, que pasa las jornadas viendo crecer a su hijo Maicol.

Cuando era pequeña, creía que podía volar, estaba convencida de ello. Me subía a un peldaño y emprendía el vuelo, planeaba sobre Lucignana, que desde lo alto me parecía maravillosa. Siempre veía a la madre de Donatella barriendo la calle. Lo hizo toda su vida. Un trabajo como otro cualquiera. Me preguntaba cómo era posible que nadie hubiera descubierto aún el truco para volar: darse impulso y surcar el cielo, igual que Wendy.

De niña, mi libro preferido era *Pippi Calzaslargas*. Quizá surja de ahí mi tendencia a apreciar la vida sin novios, de la felicidad que reinaba en casa de Pippi, que compartía su existencia con un caballo y un mono. Era un librote en tapa dura de color naranja, y también había una película, que iba a ver a casa de mi tío Fernando. Bien pensado, no difiere mucho de la vida de Laura, que vive en un piso enorme con el perro alado y la conejita Pesca.

Ahora estamos preparándonos para una semana de lluvia y frío. Después llegará la primavera y con ella las primeras vacunas, se abrirán las fronteras regionales y todo será casi perfecto.

Pedidos de hoy: *La dama de blanco*, de Wilkie Collins; *Los violentos lo arrebatan*, de Flannery O'Connor; *Encuentro en la rue Laugier*, de Anita Brookner, y *Die Lieben meiner Mutter*, de Peter Schneider.

10 de abril

Me había olvidado de lo bonito que es estar aquí arriba, en la última planta, de noche cuando llueve. Aquí cobra forma una palabra que adoro: *refugio*. La sensación de haberme salvado de la calle y la pobreza se convierte en algo palpable. El nido pascoliano tiene una dirección: Vicolo Sopra la Penna, 7, ático. El refugio es aquí felicidad, orgullo, dulzura. Tía, no trabajaste en vano todos aquellos años porque ahora tu sobrina tiene un refugio caliente y sólido, como si fuera el cuarto cerdito cuya tía se llamaba Feny.

La lluvia repiquetea en la ventana del techo y fuera se oye fluir el Surricchiana entre la vegetación del bosque. Acuden a mi mente libros que hablan de la lluvia:

La lluvia antes de caer, de Jonathan Coe
Sentinelle de la pluie, de Tatiana De Rosnay

Lluvia, de Somerset Maugham
La historia de la lluvia, de Niall Williams
Una lluvia que moja la cara, de Natsuo Kirino
El rey de la lluvia, de Saul Bellow
Tiene que llover, de Karl Ove Knausgård
Lluvia, de George Simenon
El hombrecillo de la lluvia, de Gianni Rodari y Nicoletta Costa
Gritos en la llovizna, de Yu Hua
La danza della pioggia, de Paolo Febbraro
La pioggia fa sul serio, de Francesco Guccini y Loriano Macchiavelli
Ilona llega con la lluvia, de Álvaro Mutis
Midsummer Night in the Workhouse, de Diana Athill.

Lo más bonito que se ha escrito sobre el tema sigue siendo *La lluvia en el pinar*, de Gabriele D'Annunzio, con permiso de Eugenio Montale, que sabrá superarlo.

Ayer me llamó Giulia, nuestra Giulia, no la que se va a vivir a Palma, para decirme que a finales de junio un grupo de quince chicas quiere celebrar una despedida de soltera en la librería. Son noticias que me devuelven las ganas de vivir. Como los pedidos de Raffaella. Ahora sé más de ella: tiene una hija de dieciocho años, activista medioambiental, es Aries, y su padre, que era Cáncer como yo, falleció hace dos años. Le he preparado un paquete lleno de libros, mermeladas, lazos y flores.

Pedidos de hoy: *El día que Selma soñó con un okapi*, de Mariana Leky; *La bellezza dell'asino*, de Pia Pera; *La vegetariana*, de Han Kang; *Edward Hopper*, de Yves Bonnefoy; *Idda*, de Michela Marzano, y *Lila*, de Marilynne Robinson.

11 de abril

Ayer llovió todo el día, el jardín ha absorbido líquidos para crecer y prosperar. Mi madre cumplirá ciento dos años dentro de cuatro días. En su fiesta participará Marco, nuestro alcalde, al que preguntará, en primer lugar, si hay una plaza para ella en la residencia de ancianos de Coreglia, popularmente conocida como «la residencia de los pobres viejos» —que tan pobres no serán, dados los precios— y, en segundo lugar, si las punzadas que siente en el estómago podrían ser el corazón.

El otro día nos visitó el padre Giuseppe, y cuando llevaba media hora hablando con él, le preguntó si no llegaba el cura. Dijo que no se había fijado en la sotana. Pero sí que se fijó en que era un hombre apuesto.

Mi madre siempre ha sentido debilidad por la belleza, flaqueza que alcanzó su punto culminante hace años, cuando aconsejaba obsesivamente a Laura que comiera más y después, como buena modista, comentaba con la gente que su nieta «sin duda había engordado».

En cualquier caso, da gusto ver entrar en casa al padre Giuseppe, con su tono de voz protector y su actitud acogedora y elegante. No es solo un cura, es también un novio, un marido y un padre.

Como en su primera misa no podíamos darnos la paz, nos dijo que hiciéramos el gesto de enviarnos un beso, al igual que en la estación al despedirnos de alguien a quien queremos. En definitiva, nos lo rifamos entre todas. Pierpaolo se lo toma a broma, pero ha releído *El cura guapo*, de Goffredo Parise. Por si las moscas.

En estos últimos días he ampliado el catálogo de libros en nuestra página web. También el de los demás artículos, como marcapáginas y colgantes con citas de escritores; incluso he encontrado una mascarilla con las siluetas de los personajes femeninos de Jane Austen: Elizabeth, Elinor, Marianne, Emma, Fanny y Anne.

He hecho un nuevo pedido de cuadernos de Elinor Marianne, uno con peonías, otro dedicado a *Me ilumino de inmensidad*, de Ungaretti, y un tercero dedicado a Neruda. También he vuelto a encargar calcetines a Natalie, que, como de costumbre, no contesta. Me gustaría comprar un banco de hierro forjado para crear un rincón romántico en el jardín, con cojines y un edredón de patchwork de estilo provenzal.

He aquí el adjetivo que se repite en las descripciones de la librería Sopra la Penna: *romántico*. Me gusta. El romanticismo fue el primer movimiento en que las mujeres empezaron a demostrar de qué pasta estaban hechas, desde Madame de Staël y George Sand, hasta Mary Shelley y Elisabeth Barrett Browing pasando por las tres hermanas Brontë. También planteó el tema de la naturaleza y propuso una reflexión sobre el estilo de vida, reflexión que no se hizo, por lo que ahora se relee a Emerson, Thoreau y Whitman.

Pedidos de hoy: *La petite conformiste*, de Ingrid Seyman; *Nehmt mich bitte mit*, de Katharina von Arx; *Jane Austen en la intimidad*, de Lucy Worsley; *La gioia perpetua*, de Emanuele Trevi; *Tokyo tutto l'anno*, de Laura Imai Messina, y *La librería*, de Penelope Fitzgerald.

12 de abril

Ayer llegó Anna a curarle a mi madre una herida que se había hecho al caer. Anna, la pestífera con la trenza, de mayor se hizo enfermera y es una autoridad en Lucignana. No se ha casado, pero tuvo una hija, Angela, que ahora trabaja en un supermercado. Anna es hermana de Luisa y de Claudio, el marido de Alessandra. En los pueblos todo está conectado.

Nos partimos de risa recordando las tonterías que hacíamos de pequeñas. Recuerdo muy bien, por ejemplo, las expediciones. Exploradoras. Vestidas las tres como Robert De Niro en *El cazador*, nos adentrábamos en el bosque al grito de «¡Yo voy la primera, no tengáis miedo!», o bien íbamos al eremitorio de Sant'Ansano y bajábamos a la parte cerrada, la conocida como la casa del ermitaño; mandábamos a Anna a la cabeza porque era la más pequeña y hacía cuanto le decíamos. Alda nunca estaba con nosotras, hacíamos las paces y nos peleábamos con ella al antojo de las dos hermanas.

También estaban Cruyff, Leão y Beckenbauer. Los Mundiales de 1974. Cruyff, delantero de Holanda, era mi novio; Leão, portero del equipo brasileño, el de Luisa, y Beckenbauer, defensa de Alemania, el de Anna. Como no existían los móviles, nos mandábamos postales: «Te espero en Gelsenkirchen a las 19.00. Tuyo, Johan».

Nuestras madres siempre nos pillaban, nos reñían y amenazaban con castigarnos dejándonos encerradas en nuestro cuarto todo el día.

Con el tiempo, los amoríos se hicieron más cercanos. Había otra Anna, mi primera amiga del alma, con quien compartía mis suspiros por profesores y actores de fotonovela como Franco Gasparri. Nos escribimos durante dos años, los primeros que pasé en Florencia. Pero poco a poco empecé a hablarle de Pasolini, de feminismo, de Guccini, y nuestros caminos se separaron. Ahora trabaja con personas con problemas, hacen teatro, ella transforma la anomalía en creatividad; no necesita a Pasolini para eso.

Aquí, del futuro seguimos sin saber mucho. Quién sabe si volveré a ver el jardín lleno de lectores de todas las edades. Quién sabe si moriremos menos y nos curaremos más. Si las vacunas funcionarán...

Entretanto, Natalie continúa sin responder a mis correos, pero han llegado los nuevos y deliciosos cuadernos de Elinor Marianne con las peonías. Hoy más que nunca necesitamos una flor en las cubiertas. Bueno, siempre.

Pedidos de hoy: *La bellezza sia con te*, de Antonia Arslan; *L'acqua del lago non è mai dolce*, de Giulia Caminito; *Mis flores*, de Vita Sackville-West, y *La felicità degli altri*, de Carmen Pellegrino.

13 de abril

Natalie ha respondido a mis correos: dice que en Israel es fiesta y que hablaremos de los calcetines el lunes. Entretanto, Barbara (de Daniele) y yo hemos subido más libros a nuestra página web y nuevos accesorios de Jane Austen, Alice, Harry Potter y Emily Dickinson. También ha llegado la tumbona Frida Kahlo, de una tela bonita, estampada con colores llamativos y su rostro, que se ha convertido en un icono pop.

He encargado nuevos libros, nuevos para mí. He abierto *La historia de la lluvia*, de Niall Williams, y ha sido como un flechazo:

> Cuanto más tiempo llevaba mi padre en este mundo, más convencido estaba él de que había otro venidero.

La idea de que debe existir «otro boceto de la Creación» posee un atractivo indescriptible porque es una hipótesis lógica que debería ser irrefutable. Si Dios ha cometido errores, que los corrija. Si a todos se nos concede una segunda oportunidad, cómo no va a tenerla Él, que inventó la posibilidad. Debería corregir el dolor, manteniendo su posibilidad como piedra en que tropezamos, como memoria de lo que fue y no será. Esa sería una conquista humana: el dolor como memoria del dolor. Si existiera un segundo boceto de la Creación, querido Jesús, podrías decirle a tu padre que tome en consideración esta cláusula.

De niña hablaba con Jesús todas las noches, como si fuera un compañero de juegos y travesuras que debíamos hacernos perdonar por nuestro padre. «Dile a papá que no volveré a hacerlo». Por otra parte, ¿qué tenía que perdonarme?: ¿no ser la verdadera novia de Johan Cruyff?, ¿romper el tratado de paz con Alda?, ¿cometer actos impuros? Esto último solía decirlo rápidamente, pero lo mencionaba porque era como un paquete que contenía muchas cosas que no deseaba especificar. Con esa fórmula una se quitaba de encima el deber de confesar los movimientos telúricos y sensoriales de la edad.

Aparte de eso, *La historia de la lluvia* debe de ser un gran libro. A *Lanny*, de Max Porter, lo he aparcado de momento. Demasiada fantasía y una lengua experimental sin ser Gadda (es difícil que funcione) me han dado una sensación de artefacto. Pero volveré a intentarlo.

Ayer le conté a Alessandra la historia de Magda y Emerenc. Me escuchó con atención. Antonella Lattanzi subió justo ayer una entrada sobre *La puerta*, que mencionó como libro central de su formación. Jung llamaba «sincronías» a estas coincidencias, postulaba la hipótesis de que el universo posee una inteligencia para la armonía. Un universo que capta lo que una busca y hace que lo encuentre. La casualidad nada tiene que ver. *Giro giro tondo casca il mondo, casca la terra, tutti giù per terra.**

Pedidos de hoy: *Las hermanas Woolf*, de Susan Sellers; *Retratos gatunos*, de Sébastien Perez y Benjamin Lacombe; *Gli estivi*, de Luca Ricci; *Amor a primera vista*, de Wisława Szymborska; *La culpa*, de Kate Chopin, y *El huerto de una holgazana*, de Pia Pera.

14 de abril

En la mañana del 14 de abril de 1930, el poeta ruso Vladímir Maiakovski sale de su casa, a la que regresa al rato muy nervioso. Lleva una camisa de color amarillo claro que compró en París, en la Rue de la Madeleine, pálido reflejo de la que solía lucir en sus primeras lecturas. A eso de las 10.11 se dispara al corazón.

A las diez de la mañana del 25 de mayo de 2019, un hombre camina por la Via Roma. Estamos en Taormina y desde la Via Roma se ve la belleza pura. Entra en el bar que suele frecuentar y, como siempre, pide un café. Sale, sigue caminando por la calle que bordea el mar, saca una pistola y se pega un tiro.

El hombre es Sergio Claudio Perroni, traductor, editor y escritor temperamental, perfeccionista y onírico, el traductor de Edward Carey. Su muerte me obsesiona, no hay día en que no piense en ella. La relaciono con la de Maiakovski por la simple razón de que ambos son suicidios activos, coherentes, acciones, una bofetada para los biempensantes. Son suicidios que reivindican la pureza del arte, de la inspiración; son, en definitiva, *performances* en el sentido más vital y auténtico que existe.

* Canción infantil parecida a *El patio de mi casa*. *(N. de la T.)*.

«Como suele decirse, el caso está cerrado. La barca del amor se hizo pedazos contra la vida cotidiana. Entre tú y yo, los reproches vuelven. Inútil hacer la lista de los dolores, las desgracias y los errores recíprocos. ¡Suerte a los que quedan!», escribe Maiakovski en la carta de despedida.

El sábado 25 de mayo del año pasado, por la mañana, al salir de la ducha, Sergio le dijo a su mujer, Cettina Caliò, que el libro en que llevaba un tiempo trabajando, *L'infinito di amare*, estaba listo. Cettina me narra con voz dulce la última vez que lo vio: Sergio pone una cafetera al fuego y «Can't Take My Eyes off You» en la versión de Frankie Valli. A las ocho sale de casa y a las 9.28 la llama para decirle que no hace falta que vaya a comprar los periódicos y el tabaco, que los lleva él. Es la última vez que oye su voz. Al despedirse, se habían abrazado en la puerta como si fuera la última vez, o la primera, pero eso lo hacían siempre.

Me ocupé de muchos de sus libros. Textos de un perfeccionismo absoluto, de una absoluta contracorriente. Por otra parte, él solo concebía lo auténtico, los convencionalismos le importaban un pimiento. La primera vez que lo vi llevaba —más tarde descubriría que siempre las llevaba— unas botas Blundstone cuya calidad elogió con entusiasmo. Me compré unas iguales de inmediato. Enseguida comprendí que en los pies llevaba unas botas buenas y en la cabeza guardaba un archivo que contenía toda la literatura del mundo, clásica y moderna. Sabía que tenía mal genio, pero veía en él al anticonformista, al transgresivo cultor de un arte que está desapareciendo. Me gustaba como era, no habría cambiado nada en él.

Después nos peleamos, ya no recuerdo por qué, como indefectiblemente le pasaba con todo el mundo. Pero mi opinión sobre él no varió. Tú la tienes tomada conmigo, pero yo siempre estaré de tu lado. Lo defendí incluso cuando el responsable de un suplemento cultural me dijo que se había enterado de que a Perroni no le gustaba su suplemento. Expresar un parecer no está prohibido. Nadie quiere tener a sus pies un rebaño de adoradores, sino escritores y escritoras. Fue entonces cuando volví a Lucignana. Entretanto, Perroni planeó el suicidio.

Sus últimos libros son una sorpresa, es como si algo se hubiera derretido. Son alegorías, cuentos, poemas, música, sueño. Pulce, la protagonista de *La bambina che somigliava alle cose scomparse*, una niña que se escapa de casa y de lo que su familia espera de ella para convertirse en lo que las personas con quienes se topa andan buscando, es un personaje entrañable. Es el deseo cumplido. *Entro a volte nel tuo sogno* es su otra obra maestra. No puedo leerlo en voz alta sin llorar, así que lo leo en silencio. Él está ahí, oculto en ese silencio, con sus botas y su sonrisa de niño.

Aquel 25 de mayo de 2019, en lo primero que pensé fue en un poema que escribió Pasternak sobre la muerte de Maiakovski. No en los suicidios inesperados, inexplicables, desesperados, sino en una declaración, un arrebato, una carrera, la entrada en el mito.

Tú dormías, calmo en el lecho sobre la calumnia,
dormías y, ya sin latidos, estabas plácido.
Tú dormías, apretando la almohada a la mejilla,
dormías a pierna suelta,
introduciéndote una vez más
en la escuadra de las leyendas jóvenes.
Tú te introdujiste en ellas más sensiblemente,
porque las alcanzaste de un salto.
Tu disparo fue semejante a un Etna
en un altiplano lleno de cobardes...

Pedidos de hoy: *Vindicación de los derechos de la mujer*, de Mary Wollstonecraft; *Un árbol crece en Brooklyn*, de Betty Smith; *La casa en París*, de Elizabeth Bowen, y *Un debut en la vida*, de Anita Brookner.

16 de abril

Ayer, por el cumpleaños de mi madre, montamos una fiesta a lo grande con un milhojas de la pastelería De Servi, vino espumoso dulce para ella, seco para nosotros, collar de perlas, piernas atléticas, vestido de seda negro estampado con rosas de color naranja, alcalde con banda y regalos. Hoy ha salido en la prensa local.

Por separado, como es lo suyo, llegaron casi todos: mi hermano, Donatella, Graziano, Tiziana, Francesca, Marta... Mi madre se pasó media hora hablando con mi prima Luciana, que tiene mi edad, confundiéndola con una tal Luciana que vivía en la casa de al lado cuando era niña, por lo que estará muerta y enterrada. Se la veía encantada de charlar con ella. En el fondo, prefiere el mundo de las sombras a nosotros, que le resultamos algo extraños. Somos recientes, demasiado para ser parte de su vida real. Hoy ha elaborado la teoría de que esta no es su casa, sino un hospital que hemos camuflado a modo de casa para engañarla. Pero de haberlo sabido, no habría ido.

Mi tío Fernando se pasó tres meses llamando a su madre desde su habitación, en una casa situada al final del pueblo, antes de morir, aunque, a diferencia de mi madre, sus facultades mentales estaban intactas; sencillamente, como todos los ancianos, buscaba su casa, la de la infancia. La infancia ejerce un poder invencible sobre el resto de nuestra vida. Puede haber sido feliz o infeliz, no importa: es allí adonde volvemos a pedir cuentas de nuestra existencia. Creo que depende del hecho de que la infancia no pretende nada, no posee ambiciones, estatus, papeles ni adornos, solo tiene y quiere amor. El amor que nadie dará a la pequeña cerillera, el más atroz de los cuentos.

Hoy estamos a la espera de las directivas del Gobierno acerca de las zonas de restricciones por provincias y regiones. Me gustaría ser optimista y entretenerme cortando el césped, pintando la tumbona de Frida Kahlo y encargando el sofá de hierro forjado que quiero colocar bajo el ciruelo. Hoy me han pedido el *Herbario* de Emily Dickinson y la posibilidad de que esté agotado me ha causado el consabido ataque de ansiedad.

Pedidos de hoy: *Herbario*, de Emily Dickinson; *Manderley for Ever*, de Tatiana De Rosnay; *Noi*, de Paolo Di Stefano; *Caos calmo*, de Sandro Veronesi, y *Fiebre*, de Jonathan Bazzi.

24 de abril

He hecho un largo alto en Florencia con Laura, Mirto y Pesca. Es realmente la casa de Pippi Calzaslargas. Un ambiente familiar ligero, sin reglas, basado en costumbres instauradas sobre la marcha. Sin embargo, casi no he salido de casa, me entristecía: detestaba caminar bajo el sol, las calles llanas. Me gusta estar aquí, donde se sube y se baja, con los músculos y la mente alerta.

Entretanto, han pasado varias cosas. Mery, la dulce y sofisticada Mery, que nació en Lucignana pero se trasladó a Massa, una de las componentes del trío cuyas voces unían cotidianamente Massa, Florencia y Génova, ha fallecido a los noventa y dos años. Redenta se le había adelantado, de modo que aquel cotidiano buscarse había acabado. El coro de fondo había enmudecido. Se buscaban y discutían como tres estudiantes de provincias con nostalgia de su pueblo. Cómo estaba este o la otra, las noticias, las casas en que habían vivido durante años. Hacía tiempo que no veíamos a Mery, así que la recordamos como era entonces: alta, elegante, moderna, con el pelo recogido y cardado al estilo de Mina. Sus cenizas volvieron el sábado a Lucignana. Ahora está en casa.

Irma, la vecina, se ha caído de la escalera mientras realizaba una de sus incursiones de limpieza de calle, muros, erradicación de malas hierbas, y ahora deberá pasar un mes con un corsé. Un día me cortó la vid que colgaba del jardín abandonado al que da mi ventana. Era tal la felicidad que aquel tallo me proporcionaba por las mañanas que llegué a dedicarle un poema. Cuando descubrí la amputación letal que había sufrido a manos de Irma, me entraron ganas de llorar.

He advertido que Alberto Manguel suele usar la expresión «Esto me emociona» a propósito de algunos pasajes de las novelas. Lo emociona, por ejemplo, Frankenstein entrando en la casa del ermitaño y diciendo: «Perdonad la intrusión». La emoción es una alteración del equilibrio psíquico, como un mar en calma que de golpe se encrespa. Pero lo que me interesa es comprender qué emociona a un lector fuerte como Manguel, sobre todo si le pasa con un libro que George Orwell habría considerado «buena mala literatura». Creo que está relacionado con el consuelo: uno lee para que lo consuelen y llora porque la consolación se ha puesto en marcha. *Consuelo* es una palabra prohibida en la literatura italiana, dominada durante decenios por las vanguardias que culminaron en el estructuralismo con manías clasificatorias. Por suerte, ahora leemos a Annie Ernaux, Joan Didion y Jamaica Kincaid, y somos felices.

Se ha publicado un libro de Martin Latham, librero de Waterstones, en Canterbury. Él también lo dejó todo, una brillante carrera de profesor en la Universidad de Hertfordshire, para dedicarse a la librería. El primer capítulo de *The Bookseller's Tale* habla de los libros de consolación, esos que se leen antes de elegir, antes de las lecturas conscientes. Los libros de consolación se encuentran por azar, como el amor, y calman nuestros miedos; se ocultan con secretismo, se estrechan contra el pecho, se olfatean, nunca se mencionan oficialmente y se relegan a la esfera privada. Pero ¿y si me encontrara con Martin en una cafetería de Canterbury y me pidiera que redactara una lista de cuatro libros de consolación? Escribiría lo siguiente:

Les contes de tante Berthe, de Berthe Franell
La pequeña Dorrit, de Charles Dickens
Pecos Bill, de Eric Blair
Pippi Calzaslargas, de Astrid Lindgren

Puesto que Martin afirma que en esos libros se perfila lo que queremos ser de mayores, o lo que seremos, de mis lecturas secretas deduzco la existencia de una doble personalidad: una de niña sufridora, que quisiera hacerse cargo de los desventurados y olvidados de la sociedad, y otra alegre y creativa que se las apaña muy bien sola. Cuántas veces habré leído el pasaje en que un pequeñísimo Pecos Bill se cae del carro y nadie se da cuenta. Rodeado por el paisaje texano, lleno de cactus, Pecos crece con una manada de coyotes, convencido de ser uno de ellos. Cuando lo rescatan los humanos y se percata de que no lo es, aprende a hacer cosas maravillosas, como usar a su serpiente Shake a modo de lazo y a otra como látigo. Un buen antídoto para mi salud mental, contra la serpiente que vagaba por Lucignana en busca de niñas a quienes estrangular.

Pedidos de hoy: *Littel*, de Edward Carey; *Le virtù dell'orto*, de Pia Pera; *La mujer de papel*, de Rabih Alameddine; *Adiós fantasmas*, de Nadia Terranova; *Paisaje con grano de arena*, de Wisława Szymborska; *En los bosques de Siberia*, de Sylvain Tesson, y *Les lendemains,* de Mélissa Da Costa.

26 de abril

Primer día de apertura tras meses de zona roja y naranja. Ahora hemos pasado a zona amarilla. Lástima que el tiempo no acompañe, se prevé lluvioso. Hemos comunicado que abriremos el sábado y el domingo y que hay que reservar porque haremos turnos de una hora con un aforo de quince personas como máximo. A ver cómo va.

El fin de semana pasado recibimos a los primeros clientes de fuera, que llegaban de Florencia. No podían más: hacía sol y decidieron escapar de la ciudad. Da gusto ver a lectores de carne y hueso, con sus itinerarios de lectura independientes, contentos de estar aquí.

El domingo volvió la familia de Filicaia, esa en la que todos, padres e hijos —Elia, de nueve años, y Matilde, de doce—, son lectores. Cada vez que aparecen se da la misma situación cómica: quieren regalarle un libro a su madre y empiezan a barajar títulos. Elia se emperró en regalarle *Toda pasión apagada*, de Vita Sackville-West, mientras que Matilde era partidaria de *Vera*, de Elizabeth von Arnim. El padre, por su parte, los convenció de que un itinerario mágico lo llevaba directamente a *Un árbol crece en Brooklyn*, de Betty Smith. Sin embargo, después de haber leído *Gli anni al contrario*, de Nadia Terranova, la madre compró su último libro, *Adiós fantasmas*.

Dentro de dos semanas saldrá el libro que Tina Guiducci escribió durante los tres primeros meses de confinamiento. Con un título perfecto, *Sinfonia domestica*, recoge las voces y los pensamientos de los miembros de una familia milanesa que tiene un perro, obligados a la convivencia forzosa. Lo bueno es que la familia se construye día a día ante los ojos del lector, como si la autora fuera inventándosela por necesidad. Tina también posee ese algo que a mí me falla: la ironía.

Han llegado las mermeladas de Anna. La de Virginia Woolf, a base de naranjas amargas y whisky ahumado, y la de Charlotte Brontë, con mandarinas y vainilla. De Israel, Natalie me ha respondido para confirmar el pedido, y Julie me ha escrito desde Kent para decirme que Mike la llamó para ir a buscar el té y que el 20 de mayo vendrá a Italia. Parece que todo va encajando.

Yo estoy revisando los libros que hay en la cabaña, que es lo más estimulante. Ayer, Donatella y yo pintamos el suelo de tablones con un nuevo gris azulado y la tumbona Frida Kahlo, que era de madera natural, en verde salvia. Graziano cortó el césped, que había crecido muchísimo en una semana. Abandonamos el jardín sin poder apartar la mirada de él, orgullosas de ese trocito de tierra que para nosotras es como una hija el primer día de clase.

Pedidos de hoy: *Les lendemains*, de Mélissa Da Costa; *Cortile Nostalgia*, de Giuseppina Torregrossa; *Il giardino che vorrei*, de Pia Pera, y *La historia de la lluvia*, de Niall Williams.

27 de abril

No me habría acordado de Pecos Bill si Martin no me hubiera hecho aquella pregunta. Un niño olvidado que se inventa una vida con los seres que lo han acogido, serpientes y coyotes. Un niño cualquiera que se convertirá en un vaquero de primera gracias a su pasado entre cactus y animales. Su lengua siempre será especial porque nació al margen de las normas, en contacto estrecho con la naturaleza.

Pecos, Pippi y Pinocho. Él también estaba entre mis joyas, en una edición extraordinaria de 1963, con prólogo de Dino Buzzati, impresa por Vallardi para los hijos de los médicos italianos. Era un volumen enorme, tan alto como un niño de cuatro años, y estaba espléndidamente ilustrado por Alberto Longoni. Sus dibujos revisitaron la faceta más frívola y sinvergüenza de Pinocho y le confirieron profundidad, inseguridad y humanidad. En aquella época, mi tía Feny era ama de llaves en casa de un famoso cardiólogo de Lucca, cuya mujer, Viviana, la quería mucho y sabía que tenía una sobrina lectora. De ese modo, aquel volumen maravilloso llegó a mí y compuso el trío de las P que me salvó la vida.

Mi vida, en efecto, no iba por buen camino. Cuando mi hermano se casó, nos mudamos a la casa sin baño. No sé si lo he soñado o no, pero recuerdo como si fuera ayer el día de la boda. Tras la ceremonia y el banquete, llegó la hora de que los novios partieran de viaje a Capri. La escena es la siguiente: plaza del pueblo, invitados reunidos para la despedida, motor en marcha, novia ya lista en el coche y el novio, en cambio, con una pierna dentro y otra fuera, a merced de la desesperación de una niña que no lo suelta, que se desgañita, llora sin compostura y muestra ante todos lo que había mantenido oculto durante seis años: su amor.

Por las noches, esa niña sufre alteraciones de la percepción: oye caer las voces, ve que las cosas van haciéndose pequeñas y acaban desapareciendo, siente que la lengua le crece en la boca hasta convertirse en un cuerpo extraño, toca un objeto y lo percibe enorme, como si quisiera triturarle la mano. Vista, oído, tacto y gusto fuera de juego: tierra de fantasmas. Solo se salva el olfato: sí percibe el olor que emana su infierno cotidiano. Su madre, que no sabe a quién acudir para curarle esa extraña enfermedad, la lleva al oculista. Pero, por supuesto, veía perfectamente. Pero que aseguraba «ver las cosas lejanas». Solo un médico sabía aliviarle el malestar, y era su padre. Todo desaparecía cuando él se sentaba en su cama y le decía: «¿Ves las cosas lejanas? ¿También a tu tía Feny en Génova?».

La ironía puede salvarnos la vida. Al parecer, otro que no tenía sentido del humor era Pascoli. Pero poseía otra cosa: la delicadeza. A propósito de las «cosas lejanas», que él también veía, escribió *Niebla*, una obra maestra:

Esconde las cosas lejanas,
tú, niebla impalpable y muy clara,
tú, humo que todavía surges
al alba,
¡de rayos nocturnos, derrumbes
aéreos, manas!

Cuántos libros se han escrito sobre las cosas lejanas, sobre el mundo que va empequeñeciéndose hasta desaparecer, sobre la pérdida, los derrumbes y el abandono...; cuántas lágrimas de rabia y sufrimiento hay en los libros. Pecos pierde a sus progenitores, Pippi mira embobada la llama de una vela mientras fantasea acerca del regreso de su padre, Pinocho tiene que enfrentarse a una transformación importante... Y sin embargo, las cosas lejanas se convirtieron en alcanzables y los derrumbes retumbaron de manera audible. Leer es una medicina fantástica, mágica, que me devolvió los sentidos. Puedo ver, oír, tocar y probar sin miedo a desvanecerme en la nada.

Son las siete de la mañana, ha dejado de llover, espero la llegada de la mandamás del pueblo, me dedico a catalogar libros.

Pedidos de hoy: *La mujer oculta*, de Colette; *Dos vidas*, de Emanuele Trevi; *La librería*, de Penelope Fitzgerald; *Il bosco del confine*, de Federica Manzon; *Il giardino che vorrei*, de Pia Pera; *Amar a Frank*, de Nancy Horan, y *Storia di Luis Sepúlveda e del suo gatto Zorba*, de Ilide Carmignani.

29 de abril

«¿Adónde vas?», me preguntó ayer mi hermano cuando llegó para visitar a nuestra madre.

«A mirar el jardín», le respondí.

Debo de parecerle rara, porque él no mira los bosques ni la tierra, sino que los usa y la labra. Trabajó en los altos hornos de la Società Metallurgica de Fornaci di Barga toda su vida, pero a los sesenta años se jubiló y empezó a vivir como quería: su cobertizo en Fontanaccio, el campo, los pájaros y el trasiego con el tractor. Y sus nietos. Tanto los mayores como los pequeños lo adoran, al igual que lo adoraba yo. Nunca ha habido una comida de Navidad en que Fabio y David no se sentaran a su lado, uno a su derecha y el otro a su izquierda. Ahora tiene setenta y ocho años y da gusto verlo. Él ha sido el molde donde he tratado de encajar a todos los hombres a los que he amado. Si lo lograban, bien; de lo contrario, adiós, muy buenas. Cuando nació Vania, estaba tan celosa que en cuanto me quedaba a solas con ella le hacía daño hasta que lloraba. Yo tenía siete años y ella era un bebé. Era la época en que veía las cosas lejanas y lo pasaba muy mal.

Giulia me ha dicho que tenemos unas veinte reservas para el próximo fin de semana y muchas programadas para mayo y junio. Estoy contenta e impaciente por volver a verme con los lectores, curiosa por saber qué leerán, qué se llevarán a sus casas.

La cabaña está lista, hemos pintado el suelo y el jardín luce magnífico: las rosas florecen y las peonías crecen con discreción. La loma que desciende más allá de la terraza se ve repleta de flores silvestres, una extensión de blanco, amarillo, morado y rojo. Hablo con ellas todas las mañanas y me he aprendido sus nombres: cardo rojo, colombina, diente de león, ranúnculo, zanahoria silvestre, hierba de gato, vinagrera y verónica. Y en medio hay dos amapolas que no tenían ganas de esperar a que llegara julio para florecer.

El ciruelo está espléndido, su tronco crece justo fuera del jardín y sus ramas caen hacia dentro formando una cúpula de hojas de un rojo oscuro: un nido perfecto. Dudo entre colocar a su sombra una mesa de hierro forjado con una vela o las Adirondack, aunque sé que cualquier cosa quedará bien.

Son las siete y media de la mañana; dentro de poco saldré a ver cómo están el césped y las flores. Un ritual matutino para empezar el día desde que regresé. Cada rincón, ramita, tallo y corola.

La cabaña, de doce metros cuadrados, tiene una ventana con vistas a Prato Fiorito. En el atril de hierro forjado colocado sobre la repisa que hay justo debajo se alternan tres libros: *El jardín secreto*, de Virginia Woolf; *El herbario*, de Emily Dickinson, y la edición ilustrada por John Tenniel de *Alicia en el país de las maravillas*. Es una señora ventana, a la que todos los visitantes hacen una foto.

Tampoco faltan nunca los títulos de Pia Pera; *The Green Wiccan Spell Book*, de Silja, y todos los libros que hablan de la naturaleza como el alfabeto de la salvación.

Les lendemains, de Mélissa Da Costa
Elizabeth y su jardín, de Elizabeth von Arnim
Para un herbario, de Colette
Cartas elementales sobre botánica, de Jean-Jacques Rousseau
La buscadora de setas, de Long Litt Woon
El caminante, de Hermann Hesse
My Wild Garden, de Meir Shalev
Arándanos, de Henry D. Thoreau
Der englische Botaniker, de Nicole C. Vosseler
El hombre que salvó los cerezos, de Naoko Abe
La metamorfosis de las plantas, de J. W. Goethe
El año del jardinero, de Karel Čapek
How Do Worms Work?: A Gardener's Collection of Curious Questions and Astonishing Answers, de Guy Barter
L'herbier d'Emilie Vast: Petite flore des bois d'Europe, de Émilie Vast
In giardino non si è mai soli, de Paolo Pejrone
Sprechende Blumen: Ein ABC der Pflanzensprache, de Isabel Kranz
Think Like a Mountain, de Aldo Leopold
Il libro illustrato del giardino, de Vita Sackville-West
Cómo piensan los bosques, de Eduardo Kohn.

Pedidos de hoy: *Mes maisons d'écrivains*, de Évelyne Bloch-Dano; *Amuleto*, de Roberto Bolaño; *Esta salvaje oscuridad: la historia de mi muerte*, de Harold Brodkey, y *Un debut en la vida*, de Anita Brookner.

Mayo

1 de mayo

—Me llevo este —dice una niña que rondará los diez años, alargándome *Stai zitta*, de Michela Murgia.

—¿Es para ti? Creo que no es muy adecuado —respondo, imaginándome que se ha dejado engañar por los dibujos de la cubierta.

Levanta la vista y me fulmina con la mirada.

—Usted no se preocupe.

Después descubro que se llama Iris y que es así. Tiene una hermana mayor más tímida que ella, o quizá más reservada, Ester, como la protagonista de *Tal vez Esther*, de Katja Petrowskaja, y la Eszter de *El corzo*, de Magda Szabó. Desde lo alto de sus catorce años ha elegido *Nehmt mich bitte mit*, de Katharina von Arx, y *The Bookseller's Tale*, de Martin Latham. A su madre le han regalado *Primavera*, de Ali Smith. Su padre se ha contentado con *La apariencia de las cosas*, de Elizabeth Brundage; el hombre, que es albañil, dice que no lee y que necesita una historia que lo enganche. Han llegado de Montopoli, en Valdarno, con la caravana. Llevaban mucho sin moverse y han querido inaugurar la temporada con una excursión a nuestra librería. La verdad es que Ester ya había estado aquí con sus amigas y ha arrastrado a su familia. Italia no solo rebosa de lugares por descubrir, de catedrales y frescos, sino también de personas y familias que contradicen las estadísticas que complementan el perenne parloteo de los tiempos que corremos.

Otro grupo que me ha impactado estaba formado por chicos y chicas de Florencia. Personas enteradas, preparadas. Daban vueltas por el jardín fotografiándolo todo, cada detalle, y decían cosas más o menos de este estilo: «A mi madre le chiflaría un sitio como este»; «Hago un par de fotos y se las envío a mi madre»; «Mi madre se planta aquí mañana con sus amigas».

De lo cual se deduce, aunque ya se sabía, que son las mujeres las que mantienen vivo el sector editorial y también que esas madres han sabido transmitir a sus hijos la pasión por la lectura.

¿Quién iba a decir que en una época de relaciones difíciles entre padres e hijos lo primero que se les ocurriría a seis jóvenes de entre veinticinco y treinta años sería contarle a su madre lo que han visto?

La librería es una escuela, una ventana abierta a un mundo que creemos conocer y no es así. La verdad es que hay que leer para conocerlo realmente, pues las historias que contienen los libros siempre nacen de un detalle que chirría. Y cuando al tirar los dados la suma de los puntos ya no cuadra, como diría Montale, a los escritores no les queda más remedio que aceptar la contradicción, aventurarse por los oscuros caminos del «yo», convertirse ellos mismos en oscuridad. Estoy pensando en el inicio de *La historia*, de Elsa Morante, cuando Gunther, el joven soldado alemán de mirada desesperada, viola a Iduzza, una maestra del barrio de San Lorenzo, en Roma. A pesar de que una violación es injustificable, Elsa Morante no se erige en juez, sino que se abisma en esa mirada de desesperación, en esa «horrenda y solitaria melancolía» donde encuentra reflejada la mirada de Ida, la infancia que se ha quedado prendida en ambos como si fuera una discapacidad; encuentra lo que los une, no lo que los separa. Hay que acostumbrarse a ese mirar de través, por encima y por debajo, de cerca y de lejos, que narra el escritor. Se pierden las certidumbres y las consignas, pero quizá, como le ocurre a Alberto Manguel, se gana en emoción. Cuando releo el principio de *La historia* y entro en casa de Iduzza en el instante en que se consuma ese acto, que no se sabe si es de violencia o amor, lo primero que me viene a la cabeza es: «Disculpad la intromisión...».

Pedidos de hoy: *The Deep Blue Between*, de Ayesha Harruna Attah; *Il libro della gioia perpetua*, de Emanuele Trevi; *Dulce despedida*, de David Nicholls; *País nómada*, de Jessica Bruder; *Giallo d'Avola*, de Paolo Di Stefano, y *Vita meravigliosa*, de Patrizia Cavalli.

14 de mayo

«Mamá, quiero ser pequeña otra vez y estar siempre contigo», me ha dicho entre lágrimas. No hay psicoanálisis que valga: cuando tu hija te suelta algo así, lo dejas todo y corres a su lado.

Le he hecho albóndigas en salsa de tomate, pechuga de pollo con leche y puré de patatas: he reproducido la célula primordial. Solo está asustada por los dichosos estudios, el examen de bachillerato y el hecho de crecer.

Después he vuelto a casa. Menos mal que Alessandra me sustituye cuando me ausento. Cada vez que regreso, mi madre parece haber envejecido tres años. No podemos dejarla sola. Se cae y quiere volver a su casa.

No necesitamos entenderlo todo de la vida, pero sí tener la experiencia de la ternura, que nos atraviesa, nos induce a hacer gestos, acciones, nos guía. De nuevo, es como el juego del mikado: una persona salva a otra. Y a otra. Y a otra más. Como todo el mundo sabe, no hay que volverse para mirar a cuántas has salvado porque trae mala suerte. Hay que mirar siempre hacia delante. A la siguiente.

Si hoy mirara atrás, vería el paquete de Natalie, por el que ya he pagado cuarenta y cuatro euros de envío y ciento veintinueve de impuestos aduaneros a mi cargo que anulan mi ganancia.

Qué desagradable es este mundo hecho de burocracia, como si existieran un encargado de crear obstáculos, un subsecretario y un ministro específicos para la transición de los obstáculos. Alessandra diría que estamos hasta los cojones.

En cualquier caso, Yam y Nira, que tienen una casa en Lucignana pero viven en Tel Aviv, quizá puedan meter algunos calcetines en la maleta y traérmelos. Estamos hablándolo.

La comunidad de extranjeros de Lucignana la conforma gente que me gusta: Prudence nos trae cupcakes; Mike, el té de Charlotte Brönte y Jean Austen, y Yam y Nira, los calcetines literarios. William toca el piano y Virginia se parece a Virginia.

Pedidos de hoy: *La nave per Kobe*, de Dacia Maraini; *Memorie di una contadina*, de Lev Tolstói y A. T. Kuzminskaya; *Apprendista di felicità*, de Pia Pera; *Penélope y las doce criadas*, de Margaret Atwood; *Little*, de Edward Carey; *El adversario*, de Emmanuel Carrère, y *Sinfonia domestica*, de Tina Guiducci.

16 de mayo

Ayer lloviznó. Pusimos dos mesitas bajo el cobertizo para recibir a la gente que, a pesar del mal tiempo, llegaba de Florencia, Bolonia, Reggio Emilia... Ahora que el confinamiento ha acabado, todos los días oímos una versión diferente, nos enteramos de algo que nos sorprende, traspasan la verja verde salvia historias imprevistas: cuentos, novelas clásicas, retazos de películas lejanas.

Bajo la lluvia también aparecieron dos pescadores. Uno alto y corpulento, de sonrisa tierna y mirada bondadosa; otro más canijo y delgado. Parecían salidos de la película *Vidas cruzadas*, de Robert Altman, inspirada en una serie de cuentos de Raymond Carver: los pescadores, la espera, la lluvia, el grupo... Creí que no habría ningún libro adecuado para sus gustos en mi librería, pero me equivoqué.

El de la mirada bondadosa me contó que había leído todos mis poemas y que había percibido cierta afinidad con su poeta favorito, Robert Frost. Sí, precisamente él, quien dijo que «Un poema comienza como un nudo en la garganta, un sentimiento de nostalgia o una pena de amor». Pero seguía pensando, equivocándome, que su amigo me pediría un libro que no tendría.

«Cuando murió Ferlinghetti, hice balance de la generación *beat* y caí en la cuenta de que no tenía nada de Gregory Corso».

Tras habernos hablado de la pureza de los torrentes limítrofes —el Dezza, el Surricchiana y el Segone—, se fueron con *El iris salvaje*, de Louise Glück, y *Un Coney Island de la mente*, de Lawrence Ferlinghetti. Me vino a la cabeza Harold Bloom en Nantucket, leyendo en voz alta a Walt Whitman mientras su amigo, sentado a su lado, se dedica a pescar. «Cuando necesito desesperadamente aliviar el dolor, casi siempre elijo a Walt Whitman».

En el jardín de una vieja granja,
cerca de la valla blanqueada,
crece una mata de lilas, alta, con hojas
acorazonadas, de un verde intenso,
llena de capullos puntiagudos, que se elevan,

delicados, con ese aroma penetrante que adoro:
cada hoja es un milagro.
Y de esta mata del jardín,
de capullos delicadamente coloreados y
hojas acorazonadas, de un verde intenso,
arranco una rama con su flor.

Así imagino a mis dos pescadores, tratando de remontar las pozas del Segone, abriéndose paso en los bosques mientras recitan un poema de Glück o de Ferlinghetti. Y, obviamente, devolviendo los peces al agua tras haberlos pescado. La pesca es una terapia.

Hoy nos han hecho un encargo muy especial: un regalo de bodas. Una caja para él y otra para ella.

Para ella: *Tokyo tutto l'anno*, de Laura Imai Messina; *A People's History of Heaven*, de Mathangi Subramanian; *Mujeres que compran flores*, de Vanessa Montfort, y *El día que Selma soñó con un okapi*, de Mariana Leky.

Para él: *La fille de Debussy*, de Damien Luce; *L'incredibile cena dei fisici quantistici*, de Gabriella Greison; *Wasan. L'arte della matematica giapponese*, de Toshimitsu Hirano, e *Il dimenticatoio. Dizionario delle parole perdute*, AA. VV.

Para los dos: puntos de libro, cuadernos de Elinor Marianne y té.

17 de mayo

Ayer, Donatella y yo nos pasamos la tarde trasplantando flores bajo un cielo que amenazaba tormenta, que terminó por desencadenarse puntualmente.

Cuando se avecina la tormenta, el paisaje cambia a cada momento, la luz se desplaza con el viento y crea un escenario en movimiento constante. Se me ha quedado grabada la imagen de Alberto Giacometti y Samuel Beckett, en el Odeón de París, dando vueltas durante horas alrededor del tronco de un árbol, único protagonista del escenario. Giacometti desplaza un poco una ramita y contempla de lejos si funciona: «Oui, peut-être». Acto seguido, Beckett lo imita, se aleja y comprueba su efecto: «Oui, peut-être», añade. El viento hace lo mismo: desplaza las nubes y las hojas; la luz que filtra a su través crea cordilleras, mesetas y claros inéditos. En un momento determinado, Prato Fiorito desapareció, como si nunca hubiera existido.

Ahora, en cambio, ha reaparecido, iluminado por el sol matutino.

«El pueblo puro, el pueblo respirable, el pueblo real», le escribía Simone Weil a Joë Bousquet. Así es. Desde la librería yo veo un pueblo real, diametralmente opuesto a la irrealidad que reina en todas partes. Menos aquí.

En estos días está consumándose una tragedia: mi madre ya no puede andar, se cae continuamente y no logra subir ni bajar la escalera que conduce a su habitación, así que he decidido pedir una plaza para ella en la residencia de ancianos de Coreglia, donde trabaja Samantha, la hija de Roberta, que es de Lucignana. La presencia de la chica, la viva imagen de la alegría, es una garantía.

Se trata de una decisión difícil y el sentimiento de culpa me atormenta. ¿Hago lo correcto o estoy abandonándola? Preguntas a las que sirve de contrapeso la escena de mi madre y Ernesto abrazados en el sofá, cogidos de la mano, dormitando ella y llorando él.

Ahora bajaré al jardín para comprobar cómo están las flores que trasplantamos ayer, si las colocamos en el lugar correcto. Le envío las fotos a Donatella. Yo hago de Giacometti y ella de Beckett.

Pedidos de hoy: *L'architettrice*, de Melania Mazzucco; *Penélope y las doce criadas*, de Margaret Atwood; *La guerra de las mujeres*, de Alexandre Dumas; *La felicità degli altri*, de Carmen Pellegrino; *Winterbienen*, de Norbert Scheuer; *Diario di bordo di uno scrittore*, de Björn Larsson, y *Storielle al contrario*, de Vivian Lamarque.

20 de mayo

La librería es el paraíso. Yo dejo el paraíso siempre abierto, no cierro la verja. Cuando llegué a Florencia, en el lejano 1979, recién sacado el carnet de conducir, con la furgoneta azul de mi padre, todo el mundo se preguntaba por qué no la cerraba con llave.

Mi padre en su vida ha cerrado el coche con llave. Mi madre echa el cerrojo a la puerta de casa a las cinco de la tarde. Dos maneras de ver las cosas.

Puede que entre alguien, robe y estropee lo que más quiero. Quizá. Pero me niego a que me impliquen. Mi padre y yo pertenecemos al pueblo real, y en el pueblo real las cosas se deterioran y uno llora y se cabrea; mi padre y yo hemos decidido, por nacimiento, no participar del mundo que cierra las puertas.

El domingo por la mañana vino a la librería Fabiola y le di un libro infantil de Roddy Doyle cuyo título es *Her Mother's Face*. Cuenta la historia de una niña cuya madre se muere. Volverá a verla, tras una serie de encuentros misteriosos, de mayor, al mirarse en el espejo. Fabiola, de pie en la librería, lloraba.

Mi padre, que no cierra el coche con llave; Maicol, que se pregunta dónde está el dichoso viento; Fabiola, que llora con el libro de Roddy Doyle; Ernesto y mi madre, que se abrazan en el sofá; los pescadores, que leen a Louise Glück y a Ferlinghetti: fragmentos del pueblo respirable del que habla Simone Weil. Mi nueva vida aquí.

Pedidos de hoy: *Un hombre bueno es difícil de encontrar*, de Flannery O'Connor; *La mujer helada*, de Annie Ernaux; *L'isola riflessa*, de Fabrizia Ramondino; *Isolario italiano*, de Fabio Fiori, y *Pariser Rechenschaft*, de Thomas Mann.

24 de mayo

Lo ha hecho todo sola. Se ha levantado a pesar de que se lo habíamos prohibido, ha subido dos peldaños y se ha caído de espaldas. Le habíamos dicho que se quedara un momento en la cama porque teníamos que apagar un fogón. Un minuto puede bastar. Rápida como un rayo, ha hecho todo lo contrario.

El día anterior nos había mandado a freír espárragos porque quería levantarse y marcharse a su casa, donde, por supuesto, la esperan sus hermanas. El diálogo con las sombras ha empezado. Matrimonios, hijos y divorcios barridos en un abrir y cerrar de ojos; ahora vive en la casa de su infancia, donde hay polenta para desayunar, comer y cenar, y Poldina y Fenysia la esperan para ir a pie a Tereglio, a bailar.

La entiendo: si yo hubiera vivido esa mezcla de pobreza y amor también querría regresar a casa. Enseguida me subiría a las rodillas de mi tía Polda para que me hiciera el caballito. *Cavallino ria ro' / prendi la biada che ti do / prendi i ferri che ti metto / per andare a San Francesco, / a San Francesco c'è una via / che ti porta a casa mia.*

En cambio, la han ingresado en el hospital de Castelnuovo Garfagnana con fractura de la vértebra cervical y de muñeca, varias costillas fisuradas y contusión en un pulmón. La doctora Banti dice que está tranquila. La doctora y yo empezamos con mal pie, pero después tuvimos una larga conversación telefónica y nos entendimos al vuelo, como suele suceder entre mujeres. En cuanto vuelva al hospital le llevaré de regalo *Memorias de una joven doctora*, de Nawal El-Saadawi. Estoy segura de que le gustará.

En el pueblo, cuando llega una ambulancia, se activa una especie de boca a oreja; es más, creo que son las casas las que se hablan, las que difunden las noticias. Quizá antes de crear WhatsApp, Jan Koum estudiara el funcionamiento de la comunicación en los pueblecitos de montaña: si uno cambia su estado, automáticamente se enteran todos sus contactos. La red somos nosotros, nuestros juegos en la buhardilla, los Ricchi e Poveri, las novias de Cruyff, las comuniones y confirmaciones, las primeras exploraciones impuras, las gemelas Kessler... Las gemelas Kessler éramos Luisa y yo, que en primaria, durante el recreo, nos subíamos a las repisas de las ventanas del pasillo y saltábamos replicando la coreografía ensayada durante semanas que habíamos visto en la televisión el sábado por la noche. Corría 1969 y el programa *Canzonissima* trataba de recuperar su prestigio después de que Dario Fo y Franca Rame rehusaran la oferta de presentarlo. Nosotras, como avatares de Alice y Hellen, contribuíamos a su lanzamiento.

Esta noche también llueve. Es un mayo que parece noviembre. Sin embargo, el tiempo no ha impedido que recibiéramos la visita de personas de Bolonia, Verona, Módena y, como siempre, de Lucca y de Florencia.

Un chico y una chica han colocado una pila de libros sobre el mostrador, los han comentado uno por uno y se han quedado con la mitad. Ha sido delicioso escuchar sus argumentos.

Otra chica nos ha traído flores. Procedente de Verona, ha cruzado el Passo delle Radici para llegar aquí. Una heroína.

Y a propósito de heroínas, mi hija ha escrito en su estado: «Sueño con un contrato indefinido para todos mis amigos». Presiento que ella tampoco cerrará el coche con llave, quizá en honor de aquel día en que llegó en tren a Lucca y caminó cuatro kilómetros para ir al hospital donde habían ingresado a su abuelo. Cuando mi padre se acuerda, se echa a llorar. Y ella también.

Mi madre, en cambio, tiene un estado más sencillo: «Yo vivo con mi hermana». Se lo ha dicho incluso a las enfermeras. No hay nada que hacer: a estas alturas el pasado se impone a todo lo demás.

Pedidos de hoy: *Bella Vista*, de Colette; *La hija única*, de Guadalupe Nettel; *La più amata*, de Teresa Ciabatti; *Mujeres que compran flores*, de Vanessa Montfort; *I malcontenti*, de Paolo Nori, y *Addio mio Novecento*, de Aldo Nove.

25 de mayo

Raffaella ha hecho un pedido. Ha puesto en el carrito *Les lendemains*, de Mélissa Da Costa; *La mujer de papel*, de Rabih Alameddine; *La sposa irlandese*, de Maeve Brennan; *Vera*, de Elizabeth von Arnim; *La casa alemana*, de Annette Hess; *Somewhere Towards The End*, de Diana Athill; *La historia de la lluvia*, de Niall Williams, y *A Pure Clear Light*, de Madeleine St. John. En el mensaje de voz me dice que ya tiene el carrito lleno para el siguiente pedido. Vocales dignas de antología y una erre francesa maravillosa. Me señala los defectos de la página web y sus problemas; es una colaboradora imprescindible, una agente de la sede milanesa de nuestra librería.

Me gustaría que Isabella, Tina y Raffaella se conocieran y formaran una Little Lucy en el distrito lombardo. Ya me las imagino reunidas, con una copa de *prosecco* en la mano, en Cucchi, en el Corso Genova. Entre todas suman un total de seis hijos de las mismas edades, leen los mismos libros y sus casas se parecen. ¿A qué esperan, digo yo, para tomarse un aperitivo allí o en cualquier otro sitio del barrio de los Navigli? Al final tendré que invitarlas a Lucignana en cuanto se abra la temporada del *prosecco* y del té frío, es decir, cuando las temperaturas superen los 28 grados como mínimo. Me encanta juntar a las personas, por afinidad y por sexto sentido.

Hoy he ido a visitar a mi madre al hospital. He estado poco, al cabo de cinco minutos te echan. He ido con mi hermano, lo cual es algo excepcional. Íbamos sentados en el coche como unos hermanos normales, yo me he apeado como una hermana normal y él ha ido a aparcar como un hermano normal. He tardado unos cincuenta y cinco años, pero al final he logrado volver a estar con él, y cuarenta y ocho para reconciliar a mi padre y a mi madre.

Tengo paciencia y maniobro con discreción, siempre da la impresión de que estuviera haciendo otra cosa. A veces se tarda una vida entera en aclarar un malentendido; a veces hay que olvidarse de él, distraerse, llorar por otras cosas. Es un trabajo como otro cualquiera, pero se necesita una fuerte vocación. A mí, librera de Lucignana, se me da bien desfacer entuertos lejanos.

Hoy, por fin, saldrá el sol. Son las seis de la mañana, dentro de poco bajaré a echar un vistazo a las rosas, las peonías y las demás flores que hemos trasplantado.

Pedidos de hoy: *Quando anche le donne si misero a dipingere*, de Anna Banti; *Pintores*, de Marcel Proust; *La casa en París*, de Elizabeth Bowen; *Second Nature: A Gardener's Education*, de Michael

Pollan; *Verdeggiando, male erbe e altre delizie*, de Pia Pera, y *La vida secreta de los árboles*, de Peter Wohlleben.

27 de mayo

El 27 de mayo de 1931 nacía Rolando, el primero de seis hermanos, tres varones y tres hembras, hijo de Tullio y de Orlandina. Hoy cuenta en su haber con un matrimonio con mi madre, una hija, que soy yo, y un gran amor por el que abandonó a su familia.

Ella, la otra, Eli, seis años mayor que él, era una mujer muy astuta y cariñosa que también dejó a su marido y a sus hijos para pasar el resto de sus días entre vacas y conejos, pasión que compartía con mi padre, del que estaba locamente enamorada. Hace diez años murió de cáncer. Vacas aparte, siempre iba muy elegante, con un toque de lolitismo: un volante rosa por aquí, un fruncido fucsia por allá.

Durante un año, mi padre fue a llorar sobre su tumba todos los días. Lloraba sin cesar, hasta el día en que Agnese, su vecina, lo vio en el jardín, se detuvo a consolarlo y le hizo una caricia. A sus ochenta años podía permitírselo. A los pocos días vivían juntos. Mi padre me llamó y me comunicó tímidamente que tenía novia.

Agnese padece un alzhéimer virulento desde hace casi un año y su hija se la ha llevado con ella para controlar sus ataques violentos. Rolando la visita a diario y hablan de los buenos tiempos, de cuando eran pequeños y de lo que hacían juntos cuando de hecho ni siquiera se conocían.

Hoy Alessandra y yo iremos a verlo y le daremos una sorpresa. Compraremos un pastel en De Servi y nos presentaremos con el «Cumpleaños feliz» sonando en el móvil.

Entretanto, mi madre duerme por efecto de la sedación en una cama del hospital de Castelnuovo.

A veces la vida es caótica. Florencia, con sus jerarquías y toda la miseria humana que se arrastra por las aceras, se me antoja tan lejana... Yo estoy aquí, enfrente de Prato Fiorito, que ayer fotografié al amanecer. El sol, al salir, trazó su aura en el cielo, un arco rojo anaranjado brillante, y yo lo vi, tengo pruebas.

Un libro que vendemos muchísimo es el de Katsushika Hokusai, *Treinta y seis vistas del monte Fuji*, que se publicó por primera vez a principios del siglo XIX. Retrata el volcán sagrado desde varias perspectivas y a lo largo de varias estaciones. Para conocer el mundo y acopiar experiencia no es necesario viajar por todo el planeta; uno puede quedarse parado en un lugar y la naturaleza se encargará de cambiar constantemente el escenario, de mostrar el inventario infinito de sus bellezas. De Prato Fiorito, entre dibujos de primaria, fotos en papel y fotos digitales seguramente tendré más de treinta y seis retratos de él. Mientras nosotros nos amamos, nos dejamos, lloramos y nos regocijamos, él sigue ahí, como siempre. Cambia, pero no se transforma. No puedo prescindir de él. Aquí, ante él, soy feliz, increíblemente feliz. Feliz cumpleaños, papá.

Pedidos de hoy: *My Wild Garden*, de Meir Shalev; *Sinfonia domestica*, de Tina Guiducci; *Vies conjugales*, de Bernard Quiriny; *La non mamma*, de Susanna Tartaro, y *Ribes e rose*, de Enrica Borghi y Cristina Amodeo.

28 de mayo

Qué rabia me dan las ocasiones perdidas. Elijo un libro que considero vendible: *Legendäre Katzen und ihre Menschen*, de Heike

Reinecke y Andreas Schlieper. Buen tema y buena cubierta: fondo verde con Frida Kahlo de espaldas y un gato que se asoma por su hombro. Busco a Marguerite Yourcenar, a Wisława Szymborska. Nada. Hojeo incrédula: Hemingway, Derrida, Chandler, Murakami, Baudelaire, Churchill y compañía, y así durante treinta y dos capítulos, de los cuales solo cinco están dedicados a hembras humanas. Escritores contra escritoras dueños de gatos: 27 a 5. Los árbitros no están bien informados. Me dan ganas de devolverlo. Creemos vivir en un mundo justo, pero no es así. Hace tan solo dos años, Pierpaolo y yo propusimos a dos reputados docentes universitarios que impartieran diez clases dedicadas a otras tantas autoridades de la filosofía y la narrativa italianas del siglo XX. Los dos propusieron a diez hombres. Hannah Arendt, Simone Weil, María Zambrano, Elsa Morante, Natalia Ginzburg y Anna Maria Ortese no fueron tomadas en consideración. Lo más preocupante era que las propuestas procedían de dos estudiosos a quienes no podía tildarse de conservadores. Simplemente tenían el piloto automático configurado en modo machista. Ni se les ocurre pensar en las mujeres de manera espontánea, sin esforzarse. Han de hacerse una «composición de lugar».

Estoy leyendo un libro de Rebecca Solnit muy instructivo: *Recuerdos de mi inexistencia*. Palabra clave para abrir la puerta de los géneros, «inexistencia» es el lugar donde reside nuestro origen y al que nos dirigimos, bajo la supervisión de árbitros invisibles. Hoy en día, hablar de invisibilidad parece una paradoja, pero no lo es. Los árbitros del partido, amistoso para nosotras pero no para ellos, están en todas partes: en nuestra familia, entre nuestros amigos, en nuestras películas, canciones y dibujos animados preferidos.

Pero no hay que desfallecer, volvamos a empezar de cero con el mejor poema dedicado a un gato jamás escrito. Es de una mujer que, entre otras cosas, ganó el Premio Nobel. Y que, entre otras cosas, nació el 2 de julio, el mismo día que yo.

Morir —eso, a un gato, no se le hace.
Porque, ¿qué puede hacer un gato
en un piso vacío?
Subirse por las paredes.
Restregarse contra los muebles.
Nada aquí ha cambiado,
pero nada es como antes.
Nada ha cambiado de sitio,
pero nada está en su sitio.
Y la luz sigue apagada al anochecer.

Se oyen pasos en la escalera,
pero no los esperados.
Una mano deja pescado en el plato
y no es, tampoco, la de antes.

Algo no empieza
a la hora de siempre.
Algo no sucede
según lo establecido.
Alguien estaba aquí, estaba siempre,
y de repente desapareció
y se empeña en no estar.

Se ha buscado ya en los armarios,
se han recorrido los estantes.
Se ha comprobado bajo la alfombra.
Incluso se ha roto la veda

de esparcir papeles.
¿Qué más se puede hacer?
Dormir y esperar.

¡Ay, cuando él regrese,
ay, cuando aparezca!
Se enterará de que esas no son maneras
de tratar a un gato.
Como quien no quiere la cosa,
habrá que acercársele,
despacito,
con unas patitas muy ofendidas.
Y, de entrada, nada de brincos ni maullidos.

Pedidos de hoy: *Comer animales*, de Jonathan Safran Foer; *Niña, mujer, otras*, de Bernardine Evaristo; *Las hermanas Makioka*, de Junichiro Tanizaki; *L'unica persona nera nella stanza*, de Nadeesha Uyangoda; *Difficoltà per le ragazze*, de Rossana Campo; *Amy e Isabelle*, de Elizabeth Strout, y *Gli autunnali*, de Luca Ricci.

29 de mayo

A Pia Pera no le gustaban las rosas. Demasiado presuntuosas, demasiado perfectas. Querida Pia: tu libro *Contro il giardino* es mi biblia, pero en eso discrepamos. La belleza de las rosas y las peonías que florecen en el jardín me subyuga. Me emociono solo con pensar que están ahí gracias a mi entrega.

El escritor israelí Meir Shalev cuenta en *My Wild Garden* que se pone a cuatro patas para podar, cavar y escardar el jardín que, a partir de un momento determinado, se convirtió en su razón de vivir. Cuando el heno se seca y el césped muere, no se asusta porque sabe que ese jardín «encarna grandes historias de muerte y resurrección de otros pueblos —fenicios, sumerios, egipcios y griegos— que vivieron aquí», historias fundadas en el pacto de amor con la naturaleza que es la base de la cultura antigua. Cuando estoy en el jardín no respondo al teléfono, me desconecto del presente, respiro.

Hoy he empezado *Yoga*, de Emmanuel Carrère, en el que cuenta su depresión, hospitalización y electrochoques. Qué pena, quizá tenía demasiadas cosas que hacer para poder relajarse sulfatando vides o podando rosas. Le habría sido de ayuda. Mi amigo el poeta Stefano Dal Bianco me dijo un día que había un par de cosas que podían salvarle a uno: una infancia en una familia unida o ser de orígenes campesinos. Él tenía lo primero; yo, lo segundo.

Hoy Alessandra, la hija de Maurilio, el pastor de Lucignana, me ha abrazado, un gesto que no me esperaba de alguien que camina y fuma como una chula de barrio. Ha abierto los brazos y me ha transmitido un calor inmenso. He pensado en su familia, su marido, el apuesto Claudio, y sus dos hijos ya mayores, y me he dado cuenta del calor que debe de darles entre un «a tomar por el saco» y un «estoy hasta los huevos», como una estufa siempre encendida.

Pedidos de hoy: *La señora Dalloway*, de Virginia Woolf; *Yoga*, de Emmanuel Carrère; *Solo*, de August Strindberg; *Vidas rebeldes*, de Arthur Miller; *Will el del molino*, de Robert Louis Stevenson, y *Come prima delle madri*, de Simona Vinci.

31 de mayo

En *El murmullo de las abejas*, de la escritora mexicana Sofía Segovia, nana Reja, una mujer de edad indefinida —nadie sabe cuántos años tiene, ni siquiera ella—, lleva tres décadas viviendo sobre una mecedora que siempre está en la misma posición. Mira el camino de tierra que pasa por delante de su casa, los campos de caña de azúcar, las enormes montañas que ciñen el valle, los inviernos, las primaveras, los veranos y los otoños. Para ella es un viaje extraordinario, una aventura que día tras día le reserva sombras, colores y olores diferentes.

En la atmósfera de esa novela flota Macondo, lo mismo que aquí, en Lucignana. Salgo a la terraza y Prato Fiorito, con su fuga de valles, corre a mi encuentro y me sorprende. Y así todas las noches y todas las mañanas, como si fuera la primera vez.

Ayer, en la librería, Fabiola me contaba cosas de su abuela, la anciana y listísima Egre, que en los últimos días de su vida se levantaba de golpe de la cama y llamaba a sus hermanas a voz en cuello. Fabiola opina que algo debe de haber. Al fin y al cabo, ¿qué sabemos de lo incognoscible? Quizá las hermanas de la abuela de Fabiola fueran a buscarla, como mi tía Polda y mi tía Feny vienen en busca de mi madre.

Este fin de semana la librería ha funcionado a pleno ritmo: setenta personas entre el sábado y el domingo. He vendido libros buenos a lectores a quienes da gusto aconsejar. Preparé una caja en la que pone LIBROS BONITOS y otra con la etiqueta LIBROS SUPERBONITOS, dos categorías críticas indiscutibles. La gente ha pasado ratos largos hurgando en ellas. Hay que sacar los libros de las estanterías, insuflarles vida, aunque debo admitir que nuestro público suele fisgar desde que entra hasta que sale. Llegó mucha gente de Módena, lo cual es una extraña coincidencia: es cierto que está al otro lado de los Apeninos, pero no dejan de ser ciento cincuenta kilómetros entre bosques.

En cualquier caso, es un hecho que en Módena hay una peña de seguidores de la librería Sopra la Penna. A una chica la oí decir: «Cuánto he soñado con subir estas escaleras».

A pesar del cansancio, soy feliz. Ahora estoy organizando un experimento: invito a las jovencitas del pueblo a unirse al grupo de voluntarios. Sandy y Rebecca han aceptado. Hay que abrirse, incluir, unir, caray.

Una señora de Roma con casa en Lucignana no me saluda. Se ha apuntado, sin motivos concluyentes, al grupo del treinta por ciento. Quién sabe qué le habrán contado de mí. Quizá que hiervo a niños con la polenta, mientras que en realidad mato el tiempo mirando Prato Fiorito, ¡ni que fuera el monte Fuji, el Ararat o el Kailash! Por él no han pasado Noé ni Shiva, pero las brujas montaban aquí sus aquelarres. En cualquier caso, sigue siendo puro, sublime y cándido como el *Narcissus poeticus* que cubre sus laderas en esta época del año.

Que alguien le diga a la señora de Roma que yo también soy *poeticus*; las golondrinas pasan zumbando por mi casa como saetas con su inconfundible aleteo, entran por una puerta vidriera y salen por otra. Si estuviéramos en San Francisco o en Sussex, diríamos que entran por un mirador y salen por otro. Quedaría mucho más fino.

Pedidos de hoy: *Dulce despedida*, de David Nicholls; *País nómada*, de Jessica Bruder; *Himself*, de Jess Kidd; *Les lendemains*, de Mélissa Da Costa; *El invierno de mi desazón*, de John Steinbeck; *L'istante largo*, de Sara Fruner, e *Il calamaro gigante*, de Fabio Genovesi.

Junio

1 de junio

Paso las noches buscando libros, novedades y títulos olvidados, relegados a causa del sistema de las llegadas en masa a las librerías: quince días de visibilidad y sanseacabó, que pase el siguiente. Pero es evidente que hay un público que busca las mismas cosas que yo. Me ha sorprendido, por ejemplo, que a pesar del bombo y platillo que ha acompañado a la publicación de *Yoga*, de Emmanuel Carrère, nosotras hayamos vendido solo unos pocos ejemplares. Han ido muy bien, en cambio, *Amor en clima frío*, de Nancy Mitford, *L'istante largo*, de Sara Fruner, y *La casa en París*, de Elizabeth Bowen. En nuestra librería buscan lo que no hay en otras, no quieren llevarse un chasco. En nuestra librería buscan.

Es el aura que rodea a cualquier librería independiente. Ayer, un grupo de chicas despiertas se pusieron a consultar *Legendäre Katzen und ihre Menschen* y una de ellas explicó de qué iba. Al oírla, no pude contenerme y les dije lo que pensaba de un libro que habla de la relación de los escritores con sus gatos y pone veinticinco ejemplos de hombres y solo cinco de mujeres. Las chicas me dieron las gracias y dejaron el libro.

Entre ellas había dos recién casadas, me refiero a la una con la otra. Por suerte, no le tocaba el turno a Donatella, que en lo que respecta a esos temas es como la Bella Durmiente. Cuando una de las amigas de la pareja dijo: «Son recién casadas», ella habría respondido con ingenuidad: «¿Y dónde están vuestros maridos?».

En Lucignana tengo un amigo, Romano, que, como yo, cultiva rosas. Pinta y cuida flores y plantas. Nunca ha tratado de ocultar lo que es y hace muchísimo tiempo que salió del armario con su familia. Un pionero, en definitiva. La relación que mantiene con su madre siempre ha dejado vislumbrar, a contraluz, la de Pasolini con la suya, Susana. Para mí, Romano ha sido un héroe, porque aquí, en aquella época, no era fácil. En el pueblo todo el mundo estaba al corriente, menos Donatella.

Romano compra un montón de libros que tratan de la lenta emersión del tema homosexual, que, antes de ser una historia con un final feliz —como en las fotos de Facebook de las dos chicas con vestidos largos y ramos de novia saliendo del ayuntamiento—, fue una historia de sangre y sombras, de vergüenza y atropello. Los escritores, hombres y mujeres, la han contado y conviene leerla, porque si incluso hoy en día un político italiano puede declarar sin ser penalizado que «si tuviera un hijo gay, lo quemaría en un horno», significa que no todo el mundo la ha asimilado.

He aquí una lista de veinticinco títulos para empezar:

Orlando, de Virginia Woolf
Diario del ladrón, de Jean Genet
Maurice, de Edward Morgan Forster
La habitación de Giovanni, de James Baldwin
El bosque de la noche, de Djuna Barnes
Un hombre soltero, de Christopher Isherwood
Historia de un chico, de Edmund White

Middlesex, de Jeffrey Eugenides
Historias de San Francisco, de Armistead Maupin
Llámame por tu nombre, de André Aciman
Algún día este dolor te será útil, de Peter Cameron
Carol, de Patricia Highsmith
Tomates verdes fritos, de Fannie Flagg
Chocolat chaud, de Rachid O.
De carne y hueso, de Michael Cunningham
Mientras mi niña duerme, de Rossana Campo
La ragazza di nome Giulio, de Milena Milani
L'altra parte di me, de Cristina Obber
El pozo de la soledad, de Radclyffe Hall
Falsa identidad, de Sarah Waters
Para acabar con Eddy Bellegueule, de Édouard Louis
Troppi paradisi, de Walter Siti
En la Tierra somos fugazmente grandiosos, de Ocean Vuong
Escrito en el cuerpo, de Jeanette Winterson
Fiebre, de Jonathan Bazzi.

Romano no los tiene todos, hoy le informaré. Y también a Donatella, nuestra Bella Durmiente, por si acaso la besa una chica. Menudo lío se armaría en su cabeza.

Pedidos de hoy: *El gran número. Fin y principio y otros poemas*, de Wisława Szymborska; *Cortile Nostalgia*, de Giuseppina Torregrossa; *Malanottata*, de Giuseppe Di Piazza; *País nómada*, de Jessica Bruder; *Mar abierto*, de Benjamin Myers; *El largo río de las almas*, de Liz Moore, y *Esta salvaje oscuridad: la historia de mi muerte*, de Harold Brodkey.

3 de junio

La hospitalización de mi madre ha tenido una consecuencia positiva: Pierpaolo y yo estamos solos. Nunca lo habíamos estado. Al principio, por Laura, todavía pequeña, que lloraba como una Magdalena en el aeropuerto de Florencia cuando al despedirme de él lo besaba en la comisura de los labios. Y más tarde, cuando rondaba los noventa años, mi madre empezó a pasar en Florencia los meses de octubre a mayo.

Ayer, Pierpaolo me hizo un regalo: me llevó a un sitio fabuloso de Vado di Camaiore: la Villa La Bianca, una *maison de charme*, con piscina, parque y habitaciones maravillosas que fue la casa familiar de Cesare Garboli. La vendió en 1999, quizá tras saber que estaba enfermo. Se trasladó a Viareggio, a una casa situada a pocos metros de la embocadura de la autopista y de la Cittadella del Carnevale. Parece una broma urdida en su diabólica mente para darnos a entender que todo había acabado. Se acabaron Molière, Matilde Manzoni y Natalia Ginzburg; ha llegado la época de la ficción.

No estuve en Vado. Demasiada sacralidad. Temía interrumpir una liturgia pisando una brizna de hierba de más. Frecuentaban la casa muchos críticos jóvenes, entre ellos Emanuele Trevi, que se inspiró en esta experiencia para escribir su mejor libro, *Sogni e favole: Un apprendistato.*

En cambio, fui a la nueva casa, quise ver el desafío que nos lanzaba. Su nuevo hogar era un naipe por descifrar que afectaba a nuestro futuro, al mito de la existencia misma de la literatura. ¿Qué hay hoy en día entre la aburrida exactitud de los estudiosos universitarios y de los lectores que solo quieren historias? Los grandes intérpretes del siglo XX, que marcaron mi formación, como Giulio Ferroni, Alfonso Berardinelli, Franco Cordelli o

Giorgio Ficara trabajan en una clandestinidad más propia de los eremitas.

Sin embargo, Villa La Bianca es espléndida y los dueños actuales andan por ella de puntillas, como si fueran visitas. No han cambiado casi nada. Las habitaciones son las de antes; en la cocina, que ha sido reformada, se exhibe una gigantografía de Cesare poniendo una cafetera; parece que esté allí.

Cesare era guapísimo, eso no lo he dicho. En un poema que escribí después de haber ido a verlo a su casa de Viareggio, lo evoqué abriéndome la puerta. Apareció una especie de Marlon Brando en *Apocalipse Now*: igual que él, parecía «acabado e invencible».

Massimo y Veronica nos invitaron a un aperitivo bajo el plátano donde antaño Garboli conversaba con Mario Soldati. Volveremos con Donatella y Graziano, quizá nos quedemos a pasar la noche, pero no en la suite amarilla, que era la habitación de Cesare. Demasiado *pathos*.

Ojalá estuviera aquí Alessandra con su fenomenal anticlímax, pero ahora solo viene dos veces por semana porque al no estar mi madre me las arreglo sola. En ese par de días plancha, lava y cocina. La última vez, hizo albóndigas con tomate y *sformato* de calabacín: un diez con matrícula de honor para ella y un cero para mí no nos los quita nadie.

Pedidos de hoy: *Il calamaro gigante*, de Fabio Genovesi; *Historiae*, de Antonella Anedda; *Tu, paesaggio dell'infanzia*, de Alba Donati; *La biblioteca de noche*, de Alberto Manguel; *Historia de un chico*, de Edmund White, y *Almarina*, de Valeria Parrella.

5 de junio

En la librería también hay días malos. Pocos clientes, y de los que es mejor olvidar. Creo que vienen porque han oído hablar de nosotras y para ellos hacerse una selfi es obligatorio. Hoy han llegado dos chicas que después de pasarse horas charlando sentadas en las Adirondack se han marchado dejando los libros encima de las sillas y los platos de las macetas llenos de colillas. Una de ellas ni siquiera ha entrado en la librería; la otra ha echado un vistazo y no ha encontrado nada de su gusto.

Ayer trasladaron a mi madre a unas nuevas instalaciones sanitarias y me comunicaron que no podré visitarla. Me preguntaron si los autorizaba a atarla a la cama para impedir que se cayera. Dije que sí, naturalmente. Me aterra la idea de poner una correa de sujeción a alguien que hasta hace poco recorría Florencia de cabo a rabo, de los jardines de Lungarno del Tempio a Piazza Pitti, ida y vuelta, o los bosques de Lucignana, recogiendo leña para la chimenea. Es un dolor interno, grave y continuo. Me obligo a repasar desde el principio toda la historia de la caída, de la fractura cervical, para concluir que no he sido yo quien la ha abandonado, que no podía hacer otra cosa. Pero sé que ella no lo entenderá y sufrirá, y su sufrimiento me resulta insoportable.

Repaso mentalmente los sentimientos de Annie Ernaux por la muerte de su madre, que cuenta en *Una mujer*. El libro también plantea la distancia sideral que separa a una hija frágil y contemporánea de una madre dura, depositaria de una fuerza ancestral intocable. También el difuso sentimiento de culpa que aflora a tramos. Como un estremecimiento, algo que la razón no logra vencer.

Annie Ernaux es mi modelo más cercano. Solo logro concebir la literatura como no ficción, una historia inventada no me apasiona, o mejor dicho, no me enriquece. Es como si Ernaux hubiera dividido su vida y hubiera colocado cada parte en una habitación: en una, la infancia; en otra, a su madre; en la siguiente, a su hermana fallecida de difteria antes de que ella naciera. Un libro para cada acontecimiento. Si quisiera, yo también dispondría de material para veinte años. Tengo una habitación para la violencia sexual, otra para una enfermedad importante, otra para mi hija, sometida a un switch arterial neonatal, otra para mi madre y otra para mi padre. En definitiva, toda una vida en la que hurgar.

Son acciones que requieren atención, que nos obligan a contar lo malo y, a la vez, a ver lo maravilloso que aflora. Hay que fijarse. Lo maravilloso es menos evidente, hay que buscarlo, desentrañarlo, pero cuando llega nos domina.

Pedidos de hoy: *Non oso dire la gioia*, de Laura Imai Messina; *Il valore affettivo*, de Nicoletta Verna; *The Summer That Melted Everything*, de Tiffany McDaniel; *Les lendemains*, de Mélissa Da Costa, y *Clara de Asís. Elogio de la desobediencia*, de Dacia Maraini.

7 de junio

Mi día empieza entre cantos de petirrojos, cabecinegras, jilgueros, alondras, ruiseñores, pinzones, gorriones, chochines, cerrojillos, alcaudones y golondrinas, usando una nomenclatura que tomo prestada de Giovanni Pascoli y sus *Cantos de Castelvecchio*. Empiezan, antes de que amanezca, a charlar animadamente de alojamiento y comida, de trayectorias y peligros.

y me sigue un tac tac *de currucas,*
y me sigue un tin tin *de petirrojos,*
un zisteretetet *de carboneros,*
un rererere *de jilgueros.*

Con un doble salto mortal, Pascoli se hace intérprete trilingüe y traduce en italiano y «americano», el idioma de los emigrantes de Garfagnana, lo que dicen los pájaros. Es el primer poeta italiano ecologista, el primero que habla en sus poemas de realidades incómodas como la de los emigrantes. Y pensar que en el colegio nos lo hicieron indigesto, nostálgico, representante de la cultura del pasadismo.

Y escucho tellterelltelltelltell *(¿sabes?*
en el habla de los pájaros tellterelltelltelltell
quiere decir come out! fly!
huye, boy, *¡que llega el coco!)*

A las seis salgo a la terraza para comprobar que mi montaña sagrada sigue en su lugar, emanando belleza. E igual que Pascoli hacía con la Pania, «le hablo al amanecer y le digo cosas dulces». Después echo un vistazo al jazmín, que ahora ha florecido, y entro de nuevo, feliz, en mi torre.

El domingo me ha compensado del sábado. Han llegado muchos visitantes enamorados de la librería y han comprado los libros que yo habría comprado. Eso me basta para ser aún más feliz.

Estoy impaciente por que mi sobrina Rebecca se incorpore como voluntaria. Siempre ha sido solitaria y silenciosa, diferente de las demás niñas de su edad, y el hecho de que haya aceptado con entusiasmo formar parte del grupo me dice que hay algo de ella que no sabemos. La librería continúa con su trabajo, lento, de erosión de las distancias. En el pueblo sigue habiendo un treinta por ciento en contra, pero el restante setenta por ciento está más unido. Mis padres son los más viejos del pueblo; después de ellos, pasamos a primera línea.

Lucignana es joven; debemos estar a su altura, demostrar al mundo que se puede renacer, colaborar, tender puentes desde aquí, sintiéndose parte de un gran sueño. Quizá yo sea una visionaria. O quizá no.

Pedidos de hoy: *Central Park*, de Guillaume Musso; *Una rosa para Emily*, de William Faulkner; *Hatulim, sippur ahavah*, de Shifra Horn; *Mai più sola nel bosco*, de Simona Vinci; *Naturaleza*, de Ralph Waldo Emerson, y *El año del pensamiento mágico*, de Joan Didion.

10 de junio

Qué alegría oír la voz de Mike llamándome en su italiano chapurreado. Llega cargado con los dos paquetes de té que, por supuesto, han pasado la aduana. Su voz, su manera de reír, su sombrero vaquero pero de algodón, sus pantalones cortos y sus sandalias Birkenstock me producen una alegría extraordinaria. Como estaba a punto de meterme en la ducha, me he asomado a la ventana de la planta de arriba con una toalla anudada de cualquier manera. Parecíamos Romeo y Julieta. Si esos dos no hubieran armado el lío que armaron y hubieran sobrevivido, ahora estarían tomándose un buen té.

He encontrado unas teteras refinadísimas; espero a que me las entreguen para sacar los tesoros que Mike ha traído de Kent. *It is always tea time.*

Ayer me escribió Prudence, una señora inglesa que se ha comprado una casa en Lucignana y que cuando ve la librería abierta aparece con bandejas llenas de cupcakes humeantes. Dice que me traerá unas treinta tazas de té inglesas, todas diferentes.

Ahora que el verano ha llegado, con su calma y su delicioso fresco nocturno, me digo todavía más a menudo: «Si no estuviera aquí, me habría muerto». El paisaje es ideal, pero ¿y la magia de las relaciones? Las calles del pueblo son mi hogar, y la manera de relacionarme con los demás es familiar, no necesita nada más.

A veces voy descalza, como Mike. Pisar la tierra hace que me sienta en comunión con el mundo, hace que sienta el calor del sol, hace que me sienta vegetal.

Antaño, en el pueblo vivía Costantina, apodada la Gosti, que iba descalza en invierno y en verano. Era vieja desde siempre, llevaba el pelo enmarañado recogido en un moño, vivía en una casa de Piazza donde nadie ponía los pies. A veces gritaba, increpaba al primero que se cruzaba por la calle. Otras veces era buena y nos hacía una caricia con sus manazas secas y duras. Los niños le teníamos mucho miedo y al pasar por delante de su puerta echábamos a correr. Un niño se quedó mudo por un tiempo tras haberse topado con ella en un mal momento.

Nunca conocí su historia, si había estado en el manicomio de Maggiano, cuando todavía funcionaba; cómo había pasado su juventud. Pero hacía algo extraordinario: durante las fiestas del pueblo, cuando los hombres sacaban en procesión a la Virgen rubia con el manto azul cielo, ella dibujaba corazones y cálices con pétalos de flores. Cubría metros y metros de calle con los pétalos rosas, blancos y amarillos, que iba sacando de un cubo. La Gosti fue una de las primeras artistas callejeras, se anticipó a la niña que riega las flores, de Natalia Rak; a la chica con el pelo de buganvilla, de Robson Melancia, y a las malas hierbas de la artista visual Mona Caron. Tal vez si, igual que Anisia, hubiera encontrado a un tipo como Tolstói, ahora sabríamos algo más de aquella fuerza ancestral que se convertía en ferocidad.

Tolstói tuvo una intuición genial: convenció a Tatiana Kuzminskaya para que transcribiera la narración de una campesina rusa con un nombre dulce: Anisia. Después la leyó y la pasó en limpio, sin mistificaciones. De ahí nació *Memorie di una contadina*, que nos sumerge en el periodo más oscuro y feroz de la Edad Media, cuando una mujer no podía aspirar a nada, sobre todo si era pobre. La vida puede ser una sucesión de sufrimientos sin solución de continuidad, sin posibilidad de redención, sin luz. Sin embargo, Anisia y la Gosti se me antojan dos heroínas atemporales, dos mujeres que pagaron cara su independencia.

Cuando camino descalza sobre las piedras calentadas por el sol, siento su libertad salvaje, y la de Alessandra, Tiziana e Iole, mi madre. Partículas de su fuerza distribuidas en nuestra corteza cerebral. También somos eso, estamos hechas de fracasos y pétalos de rosa.

Pedidos de hoy: *El tiempo de los regalos. Entre los bosques y el agua*, de Patrick Leigh Fermor; *Viajes con Charley: en busca de los Estados Unidos*, de John Steinbeck; *Les lendemains*, de Mélissa Da Costa; *Avant de disparaître*, de Xabi Molia; *L'acqua del lago non è mai dolce*, de Giulia Caminito; *Sembrava bellezza*, de Teresa Ciabatti, e *Il silenzio è cosa viva. L'arte della meditazione*, de Chandra Livia Candiani.

11 de junio

Estuve dos días en Florencia, sin duda demasiados. Laura hizo el examen de bachillerato. La noche antes habíamos hablado de

D'Annunzio y de Montale, de «atravesar a D'Annunzio», como decía Montale, de superhombres y limones, viejas historias que siempre agradan a los profesores. Le preguntaron sobre Montale y le fue de maravilla. Estaba contentísima. Y yo también, por supuesto.

Mirto, en cambio, roe sin prisa pero sin pausa un perchero al que le tengo mucho cariño. Si algo hay que «atravesar», él atraviesa el perchero. Después del examen la acompañé a vacunarse. Todo fue bien.

Esta tarde, Pierpaolo y yo hemos vuelto a Lucignana. No duermo porque estoy impaciente. Las noches aquí son como vísperas de un día de excursión. Además, no veo la hora de que llegue Laura.

Entretanto, otra chica, Benedetta, ha dicho que se unirá al nuevo grupo de las jovencísimas voluntarias y, contando a Laura, serán cuatro. Rebecca se ha llevado el libro de Rebecca Solnit, *Recuerdos de mi inexistencia*. Me alegro. También estoy contenta porque nuestros visitantes me sorprenden constantemente. Vienen de lejos, entusiasmados, y se llevan montones de libros que elijo cuidadosamente. El comentario ganador fue el de un chiquillo de nueve años que al cruzar el umbral exclamó: «¡Qué guay!».

Giulia y David han dejado definitivamente Palma de Mallorca y se han ido a Costa Rica. ¡Con la falta que nos haría un pequeño restaurante con encanto! Hace unas noches, Donatella y yo nos pasamos horas fantaseando con casas abandonadas, sobre todo con la vieja escuela, en el centro del pueblo. «Si pudiéramos», «haríamos», «quedaría»... Condicionales poco viables. El edificio lo tiene todo: arcos medievales, pórtico, terraza panorámica, jardines exteriores e interiores, patio, metros cuadrados para cuatro o seis apartamentos y un restaurante. En el pueblo, todos soñamos con ese lugar deshabitado que desde siempre han comprado y vendido dueños fantasmas a quienes nunca hemos visto. ¿Y si lo ocupáramos? Si nuestra artista callejera todavía viviera, habría hecho una maravillosa alfombra de flores.

Mañana llegan las quince chicas que celebran una fiesta de despedida de soltera. He elegido un poema de Beatrice Zerbini para jugar juntas. Les daré diez palabras del poema con las que, en grupos, deberán escribir otro.

Pedidos de hoy: *La casa alemana*, de Annette Hess; *Cantos de Castelvecchio*, de Giovanni Pascoli; *Rosa cándida,* de Auður Ava Ólafsdóttir; *Las palabras que confiamos al viento*, de Laura Imai Messina; *Departamento de especulaciones*, de Jenny Offill; *La isla del tesoro*, de Robert Louis Stevenson, y *El jardín secreto*, de Frances Hodgson Burnett.

12 de junio

Se ha acabado el Libro Mudo de *Lolita*, inaugurado el 7 de diciembre de 2019, en el que se recogen, día a día, todos los títulos vendidos. Ahora pasaremos a *Moby Dick*, que quiero empezar el 20 de junio, tras cinco meses de diario.

Entretanto, en poco más de una semana, he cerrado el programa de las actividades de verano. Celebraremos un minifestival que llevará por título Little Lucy, un festival literario muy pequeñito. Su nombre quiere rendir homenaje a los emigrantes italianos y las Little Italy que recrearon: lugares de separación, pero también de protección, de conservación de la memoria.

La apertura del pequeño festival correrá a cargo de Melania Mazzucco, continuará con Ilide Carmignani, y el padre Bernardo, abad de San Miniato al Monte, se encargará de clausurarlo. El padre Giuseppe será nuestro guía durante el paseo espiritual de la librería al eremitorio de Sant'Ansano, que se inspira en tres palabras clave: atención, deseo y paz.

Hubo una época en que organizar actividades culturales era mi especialidad; tenía la misma mano que con las cantidades necesarias de las recetas. En 1999 organicé en Lucca un maxicongreso *fin de siècle* al que invité a tres jóvenes críticos, Emanuele Trevi, Silvio Perrella y Massimo Onofri, a hablar de los cincuenta escritores que, en su opinión, habían sido los más relevantes del siglo XX. Cada uno había elaborado su propia lista. Los grandes maestros debían aprobar o rebatir sus opciones. Entre ellos se encontraba Cesare Garboli, autor de un impresionante *coup de théâtre.* Se levanta con su calma olímpica, se sienta a la mesa de los ponentes y da rienda suelta a una dura reprimenda contra el que había sido, durante muchos años, su alumno predilecto. Lo acusa de demasiado romanticismo y poca filología. El público enmudeció. Cronos había devorado a su hijo predilecto. Aquella noche, según me contaron años después, Cesare no pudo dormir.

Mientras se consumaba la tragedia, Emanuele Trevi y el fotógrafo Giovanni Giovannetti se escabulleron.

Pedidos de hoy: *El futuro es vegetal*, de Stefano Mancuso; *El día que Selma soñó con un okapi*, de Mariana Leky; *Les lendemains*, de Mélissa da Costa; *La main*, de George Simenon; *Chi se non noi*, de Germana Urbani; *Un beso antes de morir*, de Ira Levin; *Un uomo pieno di gioia*, de Cesare Garboli, y *Verano en Baden-Baden*, de Leonid Tsypkin.

14 de junio

He ido a casa de Mike a llevarle una botella de vino blanco, un Gavi, que nos hemos tomado sentados en un banco con vistas a los Alpes Apuanos. Él me hablaba en un inglés que yo fingía entender; en definitiva, lo he convencido para que venga al festival el día 2 de julio a leer un poema de la *Antología de Spoon River*.

«Sería mejor que lo leyera un norteamericano», me decía.

Tú eres perfecto, eres lo bastante norteamericano de Illinois.

Durante este tiempo, Laura se ha sacado el título de bachillerato. Ahora hace de modelo para no sé qué marca. Yo la espero con su séquito de perros y conejos.

Llegaron las catorce chicas que celebraban la despedida de soltera. Fue una verdadera fiesta. La librería les encantó y vaciaron las estanterías.

Yo quisiera tener más flores, más *Primula aurícula*, más *Primula pulverulenta*, más *Rosa gallica*, más *Dianthus gratianopolitanus*, más *Ortensia macrophylla*, más *Plumbago capensis*, más *Paeonia officinalis*, más *Lavandula angustifolia*. Sufro por mi rosa trepadora, que no está bien: las hojas se le amarillean y se le caen. ¿Le falta nitrógeno?, ¿acusa un exceso de fósforo?, ¿la riego demasiado?, ¿está muy expuesta al sol?, ¿la maceta es demasiado pequeña? Las causas por las que alguien o algo sufre son infinitas, es muy difícil saberlo.

Mi madre está ahora ingresada en la residencia de Coreglia. No podemos visitarla en su habitación, así que le ponen el collarín cervical y la sacan a la terraza en silla de ruedas. Pero sufre y se queja. Mi hermano y Debora fueron a visitarla y volvieron destrozados. Mi madre estaba tan mal que no abrió los ojos ni la boca. ¿Cuál sería en este caso la dosis exacta, el toque de varita mágica que podría hacer aceptable el dolor? Necesito un pensamiento mágico como el de Joan Didion. Un pensamiento que haga que me decante por ir a verla y hacerla sufrir o renunciar a visitarla. Mi pensamiento mágico me aconseja que la traiga a casa, con la vértebra rota, a pesar del riesgo de muerte inminente. Ella quería morir entre mis brazos; no puedo dejar que se vaya en una terraza con un collarín en el cuello, sin una casa alrededor. No puedo.

Por las noches me asomo a la ventana; las golondrinas pasan zumbando por delante, entran y salen, me hablan de sus nidos, que han encontrado intactos. Las escucho y lloro.

Pedidos de hoy: *Emma* y *Sentido y sensibilidad*, de Jane Austen; *Elizabeth y su jardín alemán*, de Elizabeth von Arnim; *La apariencia de las cosas*, de Elizabeth Brundage; *L'istante largo,* de Sara Fruner; *El murmullo de las abejas*, de Sofia Segovia; *Sembrava bellezza*, de Teresa Ciabatti; *Sinfonia domestica*, de Tina Guiducci; *Casas vacías*, de Brenda Navarro, y *Nehmt mich bitte mit*, de Katharina von Arx.

15 de junio

El verano ha irrumpido de golpe, como lleva haciendo ya varios años. Ahora tengo que regar el jardín a menudo y en abundancia. Hemos dispuesto la mesa con té frío, a veces con *prosecco* o spritz, y, enfrente, un banco hecho con la base de un viejo armario que se ha convertido en un refinado sofá.

He planeado unas vacaciones de dos semanas en Lucignana para mi padre, que se instalará cómodamente en la habitación de mi madre. Llegará en agosto, cuando la vida del pueblo se anima y la gran familia se enriquece con los veraneantes. Me encanta la idea de tenerlo en casa después de tantos años. Que un padre vuelva al hogar transcurridos cuarenta y ocho años no ocurre todos los días.

Me viene a la cabeza el señor Lobo, de *Pulp Fiction*. Él «resuelve problemas» en un abrir y cerrar de ojos. Yo también, pero necesito toda una vida para hacerlo. Los problemas se olvidan, se entierran, se sustituyen por cosas nuevas, y cuando nadie se lo espera, aparece la solución, el remiendo para el roto, y las piezas encajan: mi padre le da un beso a mi madre y ella lo perdona. He trabajado en la sombra durante años para resolver el caso, igual que el señor Lobo, un señor Lobo que se ha topado con Oblómov. Moraleja: si te tumbas cómodamente en el sofá y piensas lo correcto, lo equivocado se endereza.

Esta mañana, Giulia ha enviado un mensaje al grupo de la librería: «Buenos días. ¿Alguien sabe si un tal Marino Donati era de Lucignana y si todavía tiene parientes aquí?».

¿Cómo? Marino Donati era el padre de mi hermano, el primer marido de mi madre, el que desapareció el 23 de enero de 1943 en la campaña de Rusia, cerca de Vorónezh.

La llamo. Me reenvía el mensaje de voz de un tal Leonardo, que dice que ha encontrado una medallita —una chapa de identificación— de Marino Donati en una página web rusa. La web, que vende artilugios de guerra, como cascos, charreteras del ejército fascista italiano, emblemas con el águila y camisas que quizá se sustrajeron a los cadáveres, da la impresión de ser una web de *bondage*. La medallita, en cambio, suscita ternura porque está toda abollada, como si también hubiera librado una batalla en el pecho del padre de mi hermano. La subastan por cien dólares.

Me lanzo, pujo. Ahora hay que esperar cinco días. Después volverá a casa como prueba tangible de que aquel hombre existió, de que aquel padre cayó, de que aquel marido luchó contra el frío del invierno de la estepa rusa. El señor Lobo devolverá a su casa un fragmento de aquella vida, de aquel amor entre tres personas truncado por la locura de la historia, y lo pondrá en manos de su hijo setenta y ocho años después de que su padre se marchara al frente.

El señor Leonardo, de Carrara, apasionado de la historia de la Segunda Guerra Mundial, buscó «Donati + Lucignana» y me encontró a mí, al señor Lobo en persona. También dio con la librería, lo sabía todo, pero no podía saber que era yo a quien buscaba, quien vio llorar a su madre por aquel nombre borrado, invisible. Ahora que vuelve en correo urgente, espero que los rusos no se hagan los listos y suban la oferta.

Bajo la foto de la medalla se lee en cirílico: Бирка из бункера. WW2, que significa algo así como «chapa de identificación del búnker. WW2». Es posible que Marino muriera en un búnker, no podemos saberlo; también que, acabada la guerra, alguien llevara la chapa a un centro de recogida de antiguallas; nunca lo sabremos. Pero sí sabemos que la medalla de aquel joven de veintiocho años, padre de un niño al que vio una sola vez antes de emprender un largo viaje hacia Rusia, estuvo en contacto con su corazón y se ha salvado para volver a transmitirnos todo su calor.

1915

3 0294 (14) = C.

Donati Marino di Silvio e

Michelini Santina

Lucignana

(Lucca)

Pedidos de hoy: *Y la familia se fue*, de Michael Kimball; *The Knockout Queen*, de Rufi Thorpe; *La maldición de Hill House*, de Shirley Jackson; *Érase una vez en Hollywood*, de Quentin Tarantino; *Cape Cod*, de Henry David Thoreau; *Los chicos de la Nickel*, de Colson Whitehead, y *Un lugar llamado antaño*, de Olga Tokarczuk.

16 de junio

Hoy, por fin, he ido a ver a mi madre. Han pasado quince días desde la primera vacuna, así que cumplía con el requisito. He subido por la escalera exterior de la residencia, la de incendios, que conduce a una terraza. Me la han traído en silla de ruedas y me he sentido sumamente feliz. Iba muy aseada, con el pelo cortado, sin vello, limpia y bien vestida, pero, sobre todo, estaba en pleno uso de sus facultades mentales. «Mi niña, mi niña».

Ha hablado mucho. Me ha dicho que se encuentra bien, que están por ella, que confía en Samantha porque es de Lucignana. Come y hace gimnasia en la cama, un espectáculo para todo el personal de la residencia. Pierna arriba, perpendicular, y luego, ¡zas!, espagat hacia atrás. Se mueve como una gimnasta, es su especialidad. Le he dado un montón de besos en el aire de junio sobre la terraza de la cuarta planta de la residencia.

Mi padre también quiere ir a verla. El señor Lobo obrará ese milagro, por supuesto. Según su versión, la quiso mucho y nunca la habría abandonado, pero una noche ella no lo dejó entrar en casa para humillarlo. Justo esa vez, él no había estado con su amante, sino con unos clientes potenciales. Ella no entendía lo de las relaciones públicas: quería un marido como el de las demás, que trabajara en una fábrica o cultivara la tierra. Alguien que no era él.

Sin embargo, su amor ha superado las barreras del tiempo y ha vuelto a casa, como la chapa de Rusia. No se lo he contado a mi madre, tenía miedo de que se emocionara demasiado. Se lo diré la próxima vez.

Escucho mi respiración, en armonía con el aire limpio del pueblo, con el plumbago en flor, con los horizontes que huyen tras el airecillo, y siento que mi fragilidad se convierte en algo invencible. Ahora, estoy hablando de ahora. Creedme.

Pedidos de hoy: *Departamento de especulaciones*, de Jenny Offill; *Rosa cándida*, de Auður Ava Ólafsdóttir; *Cantos de Castelvecchio*, de Giovanni Pascoli; *Sketches In Pen And Ink: A Bloomsbury Notebook*, de Vanessa Bell; *Demasiada felicidad*, de Alice Munro; *Sinfonia domestica*, de Tina Guiducci; *Casas vacías*, de Brenda Navarro; *La simetría de los deseos*, de Eshkol Nevo, e *Il bambino nella neve*, de Wlodek Goldkorn.

19 de junio

En los últimos días, Rebecca ha venido a la librería. Que salga de casa es todo un acontecimiento de por sí. Vive en las afueras del pueblo, en Sarrocchino, con su madre, mi sobrina Debora, y su padre, Fabrizio. Hizo el bachillerato de Humanidades, pero sin entusiasmo, carburando al mínimo. Le cuesta relacionarse con la gente de su edad, no lee y solo le apasionan los Måneskin. Tiene la carita puntiaguda, los ojos oscuros y la lengua afilada. Su madre cree que no durará mucho en la librería, dice que le cuesta socializar. Pero hay un «pero». Y ese «pero» es la energía de Donatella.

No sé cómo logra irradiar semejante alegría, pero la verdad es que los más pequeños la reconocen de inmediato, como aquella niña de cuatro años que tras hablar con ella cinco minutos entró en la librería y le dijo en voz baja: «Me encantas, ¿sabes?».

Sea como fuere, Rebecca ha renacido en la librería. Se llevó un libro, *Memorias de una joven doctora*, de la escritora egipcia Nawal El-Saadawi, y cuando lo acabó publicó una reseña en Instagram:

> He tenido ocasión de escuchar a padres y profesores aconsejando a los niños un libro determinado, que trata sobre la amistad, el amor o la vida. Pero ¿por qué debería interesarles el concepto de *amor* o de *amistad* como lo entiende un adulto? Si los niños y los jóvenes leen libros que no son apropiados para su edad, se sentirán solos e inadaptados. Yo he tenido esa sensación durante mucho tiempo. *Memorias de una joven doctora* despertó mi curiosidad desde la primera página. Os aconsejo que al acabar una lectura os hagáis cuatro preguntas:
>
> 1. ¿Me ha resultado útil?
> 2. ¿Por qué me ha gustado?
> 3. ¿Ha cambiado mis opiniones?
> 4. ¿Actuaré de otra manera a partir de ahora?
>
> Empiezo yo:
>
> 1. Me ha servido para comprender una cultura diferente de la mía.
> 2. Leyéndolo me he sentido yo misma.
> 3. Me he dado cuenta de que no estoy sola.
> 4. No debo dejar de luchar por lo que creo.

Esta muchacha, a la chita callando, en el cuarto de su casa de Sarrocchino, miraba alrededor a la espera de poner en práctica su manera de entender las cosas.

Hoy he visto una reserva de *Dos soledades*, una conversación entre Mario Vargas Llosa y Gabriel García Márquez, que se publicará en noviembre. Es suya. Entretanto, a dos pasos de la cabaña, Angelica abre la ventana y dice: «¡Corre, mamá, que huele a librería!».

Cuando el viento sopla del mar, ya sea de poniente o del suroeste, pasa bajo la ventana de Angelica transportando el característico olor a ámbar de los libros.

Pedidos de hoy: *Vidas rebeldes*, de Arthur Miller; *Momentos de vida*, de Virginia Woolf; *The Summer That Melted Everything*, de Tiffany McDaniel; *Los cisnes salvajes*, de Hans Christian Andersen; *Casalinghitudine*, de Clara Sereni; *Everything Inside: Stories*, de Edwidge Danticat, y *Los chicos de la Nickel*, de Colson Whitehead.

20 de junio

Giulia y David me escriben desde Costa Rica para invitarme a presentar un libro mío en Puerto Viejo de Talamanca (provincia de Limón). Si ya me da pereza ir a Gromignana, ¿cómo voy a hacer un viaje de veinte horas de avión para presentar un libro italiano a los costarricenses?

Eso sin contar con que Costa Rica está aquí. Depende de desde dónde mires. Fuera puede ser dentro, y lejos, a la vuelta de la esquina. Es una cuestión de paisaje con grano de arena.

Lo llamamos grano de arena.
Pero él no se llama a sí mismo ni grano ni arena.
Prescinde de nombre
común, individual,
fugaz, duradero,
erróneo o adecuado.

Indiferente a nuestra mirada, al tacto.
No se siente ni visto ni tocado.
Y si cae en el alféizar de la ventana
la vivencia es nuestra, no suya.
A él tanto le da dónde caer
sin la certeza de estar cayendo
o de haber caído ya.

He aquí la respuesta a todos los que me preguntan cómo se me ocurrió montar una librería en un lugar perdido. El lugar no sabe que lo es y me consta que Puerto Viejo de Talamanca también es un lugar perdido. Pero el hecho es que para mí este lugar perdido es el centro del mundo porque lo miro con los ojos de una niña que ha subido escaleras inestables y vivido en casas heladas durante inviernos fríos, una niña que ha reparado como pudo las cosas rotas. Reparado: acude a mi mente el ensayo de Seamus Heaney, *La reparación de la poesía.*

«Sí, señora, he abierto una librería aquí, en este lugar perdido que no sabe que lo es porque tenía que reparar escaleras, radiadores y baños. Y los he apuntalado con mis libros preferidos».

Y ahora que he acabado de arreglar mi casa, puedo dedicarme a reparar las de los demás.

Para no sucumbir a este largo periodo de trabajo, agravado por enfermedades, incendios y pandemias, quizá haya llegado la hora de elaborar una lista de las cosas que hacen que me sienta bien. Las listas salvan vidas, mantienen encendida la llama de nuestra memoria, como decía Umberto Eco a propósito del «vértigo de las listas».

De modo que empiezo:

– el mensaje de voz de Laura comunicándome que está en una manifestación transfeminista, como si fuera lo más normal del mundo, igual que ir a comprar al supermercado, y advirtiéndome de que no le responda a su novio, que, por supuesto, está buscándola, no la encuentra, se pone nervioso y, encima, «ni siquiera sabe cuál es la diferencia entre un gay y un hetero»;

– los mensajes de voz de Raffaella comunicándome desde Milán la alegría que le produce recibir nuestros paquetes;

– los andares de Maicol, que recorre a zancadas el adoquinado del pueblo con la vida a toda mecha;

– la decisión de mi sobrina Rebecca de formar parte del grupo de voluntarias de la librería y la certeza de que su misantropía nos reserva una sorpresa;

– la existencia de mi padre;

– el café que me tomaré dentro de un rato con Tessa, que esta mañana llegará en moto desde Lucca para traerme los puntos de libro de la librería, los que llevan escrito un mensaje de su madre, Lynn, y que ella nos regala;

– cuando, en el congreso de Lucca, un vigilante nocturno pilló a Emanuele Trevi y al fotógrafo Giovanni Giovannetti fumándose un porro dentro del coche en la Piazza San Michele, pero el vigilante era el escritor Vincenzo Pardini y acabaron echándose unas risas;

– Ernesto y mi madre abrazados en el sofá;

– Barbara de Daniele y Barbara de Maurizio;

– los Ricchi e Poveri;

– Donatella creyéndose que le gusta a Romano;

– mi madre sacando las piernas por las barras de la cama en cuanto me doy la vuelta;

– la madre de Tina;

– Mike enrollándose una toalla en la cintura cuando entro en su jardín y Mike saliendo de Brighton con el botín en el maletero mientras piensa en qué dirá en la aduana;

– los pescadores que leen a Louise Glück y a Lawrence Ferlinghetti sentados en la orilla del Segone;

– las palabras que solo he oído en Lucignana;

– yo, que sigo milagrosamente viva.

Pedidos de hoy: *Entre los bosques y el agua*, de Patrick Leigh Fermor; *Viajes con Charley: en busca de los Estados Unidos*, de John Steinbeck; *Por senderos que la maleza oculta*, de Knut Hamsun; *Il romanzo di Moscardino*, de Enrico Pea; *Aún no se lo he dicho a mi jardín*, de Pia Pera, y *Caminar*, de Henry David Thoreau.

Notas

Las citas de los epígrafes de las páginas 9 y 52 son de *Mistero nella casa di bambole*, de Vita Sackville-West, Milán, L'ippocampo, 2018.

El poema de la página 16 es de *Quaderni di Voronež. Primo quaderno*, a cargo de Maurizia Calusio, prólogo de Ermanno Krumm, Osip Mandel'štam, Milán, Mondadori, 1995 (© 2015 Mondadori Libri S.p.A.). [Hay trad. cast.: «Déjame marchar, déjame volver, Vorónezh», *Antología poética. Cuadernos de Vorónezh (1935-1937). Primer cuaderno*, Ósip Mandelstam, traducción de Jesús García Gabaldón, Madrid, Alianza Editorial, 2020].

La cita de la página 23 es de *L'adone*, Giovan Battista Marino, Milán, Rizzoli, 2018. [Hay trad. cast.: «Elogio de la rosa», *Adonis. Antología esencial de la poesía italiana*, selección de Luis Martínez de Merlo y Giovan Battista Marino, traducción de Antonio Colinas, Madrid, Espasa Calpe, 1999].

Las citas de las páginas 47, 48, 121 y 123, y los poemas de las páginas 158 y 194 son de *Poesie*, a cargo de Augusto Vicinelli, con un ensayo de Gianfranco Contini, Giovanni Pascoli, Milán, Mondadori, 2004 (© 2015 Mondadori Libri S.p.A.). [Hay trad. cast.:

Fragmentos de Giovanni Pascoli, a cargo de Ana López Rico, Giovanni Pascoli, traducción de Ana López Rico, Oviedo, Ars Poetica, 2018]. De este texto es el poema de la página 158.

El poema de la página 48 es de *Morte de un naturalista,* Seamus Heaney, Milán, Mondadori, 2014 (© 1966 Faber and Faber LTD). [Hay trad. cast.: «Cavar», *Antología poética,* Seamus Heaney, traducción de Brian Hughes y Esteban Pujals, Alicante, Instituto de Cultura Juan Gil-Albert, 1993].

El verso de la página 51 es del poema «Canto a mí mismo» de *Hojas de hierba,* Walt Whitman, traducción de Manuel Villar Raso, Madrid, Alianza Editorial, 2012. El poema de las páginas 169-170 es de «La última vez que florecieron las lilas en el jardín», *Hojas de hierba,* Walt Whitman, traducción de Eduardo Moga, Barcelona, Galaxia Gutenberg, 2014.

La cita de la página 62 es de *Amorosa sempre,* Roberto Carifi, Milán, La nave di Teseo, 2018.

La cita de la página 64 es de *La scrittrice cucinava qui,* Stefania Aphel Barzini, Milán, Gribaudo, 2011.

La cita de la página 86 es de *Al giardino ancora non l'ho detto,* Pia Pera, Milán, Ponte alle Grazie, 2015. [Hay trad. cast.: *Aún no se lo he dicho a mi jardín,* Pia Pera, traducción de Miguel Ros González, Valle del Pas, Errata Naturae, 2021].

Las citas de la página 94 son de *Il giardino di Derek Jarman,* foto de Howard Sooley, Derek Jarman, Milán, Nottetempo, 2019.

Las citas de la página 95 son de *Stai zitta e altre nove frasi che non vogliamo sentire più*, Michela Murgia, Turín, Einaudi, 2021.

Las citas de las páginas 97 y 169 son de *Attenzioni*, a cargo de Massimo Bacigalupo, Seamus Heaney, Roma, Fazi, 2004.

La cita de la página 109 es de *Una vita da libraio*, Shaun Bythell, Turín, Einaudi, 2018. [Hay trad. cast.: *Diario de un librero*, Shaun Bythell, traducción de Antonio Lozano, Barcelona, Malpaso, 2018].

Los versos de la canción de la página 110 son de *Un uomo che ti ama*, texto de Giulio Rapetti Mogol, música de Lucio Battisti (© 1976 Edizioni Musicali Acqua Azzurra Srl). Todos los derechos reservados para todos los países. Reproducido con autorización de Hal Leonard Europe BV (Italy).

La cita de la página 113 es de *Poesie*, a cargo de Serena Vitale, Vladimir Vladimirovič Majakovskij, Milán, Garzanti, 1972. [Hay trad. cast.: «¿Se atreve?», *La nube en pantalones*, Vladímir Vladímirovich Maiakovski, traducción de José Fernández Sánchez, Barcelona, SD Edicions, 2012].

La cita de la página 120 es de *In tutto c'è stata bellezza*, Manuel Vilas, Milán, Guanda, 2018. [Original cast.: *Ordesa*, Manuel Vilas, Barcelona, Alfaguara, 2018].

La cita de la página 127 es de *Una quieta polvere*, Vivian Lamarque, Milán, Mondadori, 1996.

En la página siguiente, el poema «Bajo una pequeña estrella» es de *Hasta aquí*, Wisława Szymborska, traducción de Abel Murcia y Gerardo Beltrán, Madrid, Bartleby Editores, 2014.

Los poemas de las páginas 180-181 y 208-209 son de *Vista con granello di sabbia*, Wisława Szymborska, Milán, Adelphi, 1998. [Hay trad. cast.: *Paisaje con grano de arena*, Wisława Szymborska, traducción de Ana María Moix y Jerzy Slawomirski, Barcelona, Lumen, 1997].

Las citas de las páginas 130 y 131 son de *Due vite*, Emanuele Trevi, Vicenza, Neri Pozza, 2021. [Hay trad. cast.: *Dos vidas*, Emanuele Trevi, traducción de Juan Manuel Salmerón Arjona, Madrid, Sexto Piso, 2022].

La cita de la página 135 es de *Divisione Cancro*, Aleksandr Isaevič Solženicyn, Milán, Garzanti, 1974. [Hay trad. cast.: *Pabellón de Cáncer*, Aleksandr Solzhenitsyn, traducción de Julia Pericacho, Barcelona, Tusquets, 1993].

Las citas de las páginas 136 y 137 son de *Fiori*, Vita Sackville-West, Roma, Elliot, 2014. [Hay trad. cast.: *Mis flores*, Vita Sackville-West, traducción de Miguel Cisneros Perales, Barcelona, Gustavo Gili, 2020].

Las citas de la página 139 son de *La porta*, Magda Szabó, Turín, Einaudi, 2005. [Hay trad. cast.: *La puerta*, Magda Szabó, traducción de Marta Komlosi, Barcelona, Debolsillo, 2008].

Las citas de las páginas 146 y 147 son de *Storia della pioggia*, Niall Williams, Vicenza, Neri Pozza, 2015. [Hay trad. cast.: *La historia de la lluvia*, Niall Williams, traducción de Eduardo Iriarte Goñi, Barcelona, Lumen, 2015].

El poema de la página 149 es «Il defunto odiava i petegolezzi», Vladimir Vladimirovič Majakovskij, traducción de Serena Vitale, Milán, Adelphi, 2015.

El poema de la página 150 es de *Poesie*, a cargo de Angelo Maria Ripellino, Boris Pasternak, Turín, Einaudi, 2009. [Hay trad. cast.: «Primavera», *Tras las barreras*, Boris Pasternak, revista digital *Hablar de poesía*, número 25, *Vladimir Maiakovski y Boris Pasternak: Epos y lírica en la Rusia contemporánea*, Marina Tsvietáieva, traducción de Ricardo H. Herrera. Tomado de la versión italiana de Mariolina Doria de Zuliani, en *Incontri*, Milán, La Tartaruga edizioni, 1982].

La cita de la página 153 es de *La biblioteca di notte*, Alberto Manguel, Milán, Archinto, 2007. [Hay trad, cast.: *La biblioteca de noche*, Alberto Manguel, traducción de Carmen Criado, Madrid, Alianza Editorial, 2007]. En la misma página, *Letteratura palestra di libertà. Saggi su libri, librerie, scrittori e sigarette*, a cargo de Guido Bulla, George Orwell, Milán, Mondadori, 2013 (© 2015 Mondadori Libri S.p.A.). [Hay trad. cast.: *Ensayos*, George Orwell, varios traductores, Barcelona, Debate, 2013].

Las citas de la página 166 son de *Tutte le poesie*, Eugenio Montale, Milán, Mondadori, 1995. [Hay trad. cast.: *La casa de los aduaneros y otros poemas*, Eugenio Montale, traducción de Lorenzo Peirano, Buenos Aires, Centro Editor de América Latina, 1987] y de *La Storia*, Elsa Morante, Turín, Einaudi, 2014. [Hay trad. cast.: *La historia*, Elsa Morante, traducción de Esther Benítez Eiroa, Barcelona, Lumen, 2018].

Las citas de las páginas 169-170 son de *Il Canone occidentale*, Harold Bloom, Milán, Rizzoli, 2013. [Hay trad. cast.: *El canon occidental: La escuela y los libros de todas las épocas*, Harold Bloom, traducción de Damián Alou, Barcelona, Anagrama, 2006].

La cita de la página 171 es de *Lettere della guerra*, a cargo de Luca Coppola, Joë Bousquet y Simone Weil, Vicenza, La Locusta, 1988. [Hay trad. cast.: *Poemas. Venecia salvada*, Simone Weil, traducción de Adela Muñoz, Madrid, Trotta, 2006].

La cita de las páginas 181-182 es de *Il mio giardino selvático*, Meir Shalev, Milán, Bompiani, 2020 (© 2020 Giunti Editore S.p.A. / Bompiani).

La cita de la página 191 es de *Tu, paesaggio dell'infanzia*, Alba Donati, Milán, La nave de Teseo, 2018.

Agradecimientos

Gracias a mis profesoras Fidalma Borrelli, Maria Laura Vichi y
Rita Guerricchio, que, del bachillerato en adelante,
me enseñaron a amar a Elsa Morante y a Cesare Pavese.

Gracias a Franco Cordelli, insuperable maestro de lecturas.
Gracias a Vivian Lamarque, que estaba o estuvo
en el jardín, o que en él se ha quedado agazapada.

Un agradecimiento (especial) a toda Lucignana.

Gracias a Marco Vigevani, Claire Sabatié-Garat
y Chiara Piovan, de Italian Literary Agency,
por haber creído inmediatamente en mí, sin titubeos.

Ya echo de menos las reuniones de los viernes por la tarde,
rebosantes de buenas noticias.

Gracias a Ernesto Franco por la alegría de aquel
domingo por la mañana, que todavía dura.

Gracias al equipo de Einaudi: a Angela Rastelli
por ser el ángel de mi mesa.
Ya echo en falta su *ondina delle disarmonie*.

Y a Paola Gallo, Dalia Oggero y Marco Peano
por la energía transmitida, incluso por videollamada.

Gracias a Tina Guiducci por haberme
recordado más de una vez: «No, aquí no
puedes usar esta palabra, eres una poeta».

Un agradecimiento (especial) a Lucia Pratesi, ella sabe por qué.

Un agradecimiento —que no puedo expresar— a mis padres,
que se fueron en un soplo,
y, contra toda evidencia, siguen aquí,
preocupándose de si he comido o dormido, de si todo va bien.

Gracias a Pierpaolo Orlando por su presencia
invisible, pero ramificada como la nervadura de las hojas.

Gracias a Laura, que ilumina todas mis palabras.

Finalizado el 27 de agosto de 2021 a las 11.11 en Villa La Bianca
de Vado di Camaiore, que fue la casa de Cesare Garboli.

Índice

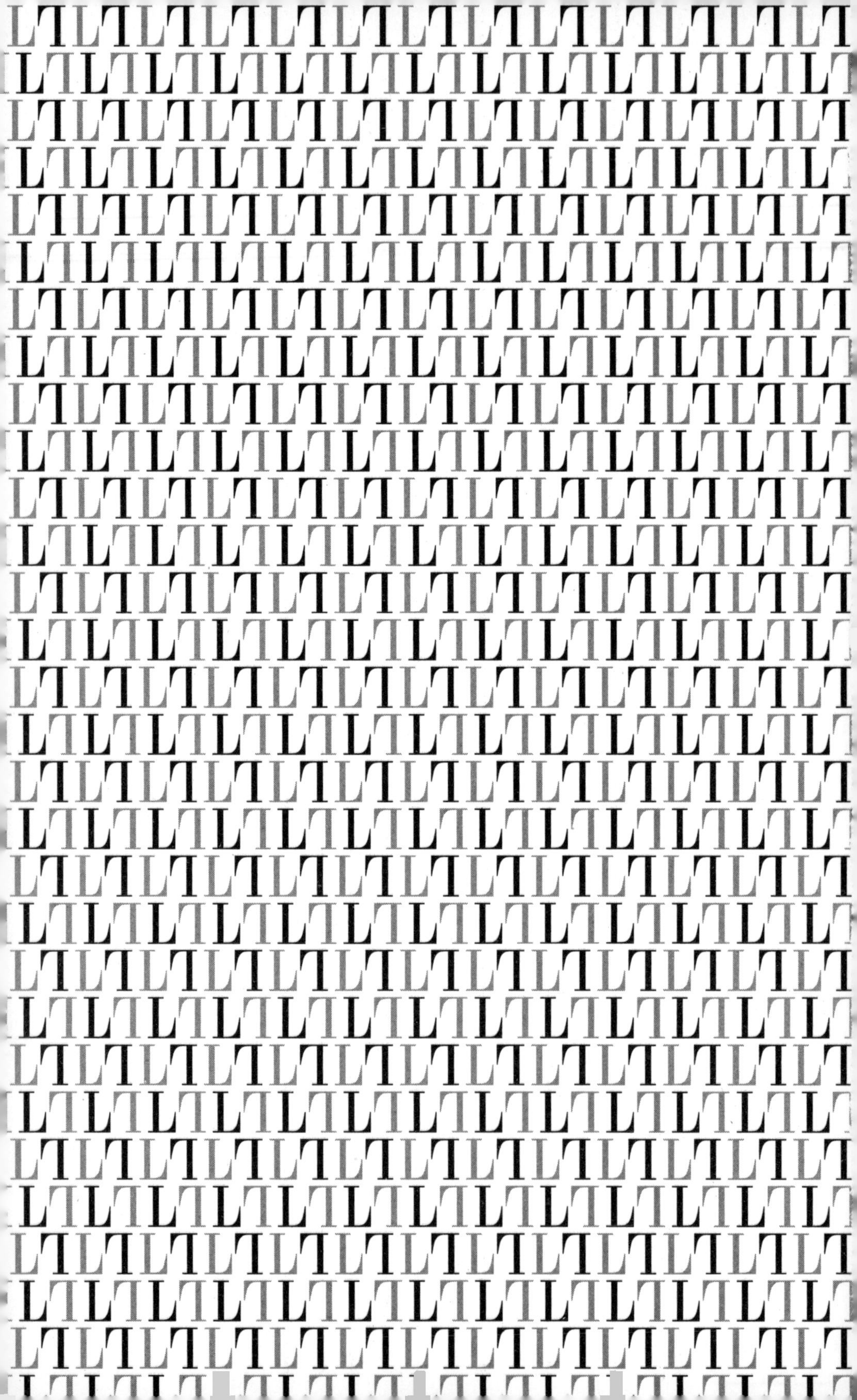